選ばれ続ける女だけが知っていること

銀座一流クラブNo.1ホステスに学ぶ

銀座ピロポ
南々子

PHP研究所

プロローグ

銀座の高級クラブ――。

ここはみなさまにとって、どんなイメージを持つ場所でしょうか。きっと、非日常の世界を思い浮かべることと思います。

はじめまして。東京・銀座に１９７０年より誕生した会員制高級クラブ「ピロポ」でホステスをしています、南々子と申します。

銀座のなかでも老舗のこの店は当初、「最高の贅をつくした近代的王朝風空間に、超一流の女性たちが華やかに咲きそろう夢のようなお店」……と、聞くだけで異世界を思わせる演出だったようですが、時代に合わせて数回のリニューアルを経て、２０１３年に現在の、煌びやかさを残したシックな空間が定着しました。

ひとのご縁とは不思議なものですね、様々なひととひとが繋がり、こうしてみなさまの前に現れることができた次第です。

そう、具体的には、あるお客様数人組との偶然の出会いが、始まりです。

ある日、ピロポに団体のお客様が来店されたのですが、その日は満席ですぐにご案内できず、「席が空くまでお待ちいただきたい」とお伝えしたものの、お客様が機嫌を損ねてしまい、近所の他のクラブに流れてしまったのです。悔しかったわたしは、そのお客様に付いていき、他店に一緒に入りました。お客様を追いかけてしまった手前、わたしだって、手ぶらで帰るわけにはいきません。

「どなたかこの後、わたしと付き合っていただけませんか」

とお願いしたところ、「じゃあ、僕があなたの客になります」と名乗り出てくれた男性がピロポに来てくれました。

そして後日、彼は律儀にも同行者を連れ、改めて来店してくれたのです。そのなかのひとりの若い男性が、わたしのお客様になってくださり、ある日、彼から相談を持ちかけられました。

「僕の友達が、女性向けWEBメディアの編集者をやっていて、銀座のホステスさんにインタビューしたいそうなんだ。南々子さんを紹介していい？」

断る理由がないわたしは、「もちろん」と二つ返事でOK。わたしは当時37歳にして初めてインタビューを受け、恋愛や仕事観について語ることになりました。サイバーエージェントが配信する『by.S』という女性向けメディアで、いつもわたしが心がけていることを、自由に、何気なく喋ると……。

「PV数、すごいことになっていますよ！　ほかのメディアやSNSでも拡散されて、話題になっています。みんな南々子さんの言葉が刺さっているようです」

記事が配信された直後、担当編集の女性からそんなことを言われたのです。

わたしがいつも当たり前にやっていることに、そんなにも需要があるの……？

わたしたちの日常は浮世離れしていて、ほかのひとたちにとっては非日常であることは、自覚しています。でも、興味を持ち、感銘を受けてくれるひとがたくさんいるなんて。

たしかに、わたしたちはほかのひとたちよりも多くの出会いを重ね、人間関係をサバイブしている。高給だからこそ、数も濃さも、仕事量も人一倍だと、自覚しています。となると、わたしが積んだ経験は、誰かの役に立つものも、なかにはあるのかもしれない。

……そんなことをぼんやり考えていると、今度は「南々子さんの経験を、一冊の本にしたい」というお話をいただき、いまに至るのです。

ここでは、恋愛、仕事、人間関係という、社会で生きる上で欠かせないスキルについて書かせていただきました。これらは、親や学校、会社では教えてくれず、マニュアルもなく、だからこそ悩みは尽きません。わたし自身も、実践し続け、たくさん失敗して経験を積み、学んできました。

経験こそ、すべてです。

〝銀座ホステス〟として様々な経験を積み、わたしなりに導き出した答えが、ここにはあります。

もしかしたら、やっぱり「非日常の世界の話で、わたしには関係のないこと」だと思うかもしれません。でも、通り過ぎる前に、少しだけ足を止めてくれたら嬉しいです。きっと、あなたの住む世界とリンクするところが、たくさんあるはず。場所は違えども、みんな男であり、女であり、人間ですから。

冒頭に書いた、この本が生まれるきっかけになった「他店まで追いかけてお客様を作る」ことだって、そしてそれが、のちに思いもよらぬ大切な出会いに繋がる〝きっかけ作り〟だったことを鑑みると……。

「わたしがしてきた経験には、無駄はないのではないか？」

そんなふうに、思えてくるのです。

この本を読む〝経験〟が、あなたの糧になることを、願っています。

銀座ピロポ　南々子

目次

1章 選ばれ続ける女の恋愛成就論
～理想の男性から選ばれるためにすべきこと～

2章 選ばれ続ける女の交際論
~彼との関係の育て方~

3章 選ばれ続ける女の仕事論

～NO.1を貫くために、わたしがしてきたこと～

4章　選ばれ続ける女の処世術
～周囲を味方につけるポジティブ思考～

1章

選ばれ続ける女の恋愛成就論

～理想の男性から選ばれるためにすべきこと～

女の片想いはほとんど実らない

とつぜんですが、いま片想いをしている女性に、ちょっと厳しいことを言いますね。

その恋、98％、実りません。

……なんて、最初から読む気をなくすことを書いてしまいましたね。ここで指す〝片想い〟の定義は、

「すでに何度も、好意を寄せたメールを送っているのに、返事をくれない」

「すでに何度もデートのお誘いをしているのに、OKしてくれたことが1度もない」

つまりは、「箸にも棒にもひっかからず、自分の第六感が『ねえねえ、もう脈なしじゃない？』と訴えかけている状態」にあることを、〝片想い〟と定義づけます。

そんな〝片想い〟の方に向けてお伝えします。

辛辣ですが、**男性は「俺のことを好きな女」ではなく、「俺が好きな女」じゃないと、初対面から範疇外**。これればかりは、DNAレベルで組み込まれているようですから、どうしようもありません。

第一印象で下された恋愛対象か否かのジャッジは、そう簡単に覆せるものじゃありませんよね。すでに「ナシ」のスタンプを押した相手に、「話せば内面の魅力がわかるはず」と迫られても、「ナシ」なものは「ナシ」なのです。

だからと言って、男性側も「俺が好きな女」と結ばれるとは限らない。そう、ならばそこから、残り2%の奇跡を起こしてみせましょうよ。

その前に、まず第一関門を突破することから始めましょう。

男性には「好きなタイプ」がありますよね。そのほとんどが芸能人だったりして「やっぱりわたしは美人じゃないし」と及び腰になりそうですが、ちょっと待ってください。それは「タイプ」ではなくて単なる「好きな芸能人」。そんな意見は、無視してしまって大丈夫です。

男は女を外見で値踏みする

わたしたちが知っておくべきなのは、男性は世の女性の外見を見て、**「自分のなかでのアベレージ（つまり平均値）を越えているか否かを、瞬時に判断している」**という事実。

わたしたち女性も、同じことをしているはずです。同僚や取引先の社員、行きつけの店の店員、アプリで待ち合わせ場所に現れたひと、いつも同じ電車の同じ車両に乗っているひと、いま道ですれ違った男性……彼らをひと目見た瞬間、ほんの軽い気持ちで「うん、イケる」「あ、ナシだわ」と、ジャッジしているはず。そのとき、「ナシ」の境界線を越えて「イケる」に入ることが、〝アベレージ越え〟なのです。

このアベレージ越え、実はそんなに難しいことではありません。女性はメイクやファッションで補えるし、社会人として恥ずかしくないよう身なりを整えるくらいでOK。いつも当たり前にやっていることかもしれませんが、身なりに気を配ることで、あなたの容姿は〝アベレージ越え〟することができます。

ちなみに、銀座に来るような百戦錬磨の男性に、〝アベレージ越え〟だけの女性は通用しません。彼らは普段から美人を見慣れているので、すでにその次元にはいないのです。もっと女性の内面に視線を注いでいるし、いっそのこと自分に興味のない女性に惹かれるという男性もちらほら。

だから思うんですよね。一般男性のほうがよほど厳しい判断をしていると。その女性の内面がどんなに美しくても、容姿でしかジャッジしないのですから。どんなに会話が面白くても、外見のアベレージを越えていなければ、彼の目に映るのは、〝ただの面白い子〟。恋愛指南書に書かれているような小手先の恋愛テクニックが通用するのも、まず外見のアベレージ越えが大前提なのです。

恋愛とは、0にどんな数字をかけても、0にしかならない世界。そんな世界、わたしだって惚れさせる自信がないし、怖くなっちゃう。厳しく残酷なリングで戦っている女性たちを、心から尊敬します。さて、〝アベレージ越え〟したら、次にすべきことは？

「都合のいい女」にならない、好意の伝え方

「好きかも？」アピールです。

なぜ好意をアピールすべきか、理由は、男性へのクッション作りをするため。男性とは、強そうに見えても傷つきたくない生き物なのです。そのため、「これはもう、98％俺のことが好きだな」と確信が持てないと動けません。「当たって砕けろ」の精神なんて、ほとんどの男性は持っていないのです。しかも相手の女性が本命じゃなければ、なおさらちょっとやそっとじゃ動けませんよね。だから、女性から好意を匂わせるのが効果的なのです。

とはいえ、みなさんお気づきかもしれませんが、度のすぎた「好き好き！」アピールは、一歩間違えると「都合のいい女」を生み出します。男性は「あなたにすべて合わせます」という女性をそばに置いておきたいもの。都合のいい女になってしまったら、せっかくの

実る確率2％が、0％になってしまうかもしれません。

だから、「好き好き！」アピールではなく、「好きかも？」というアピールをするのです。例えば、普段から「あなたのあの行動、グッときちゃいました！」とか、彼のSNSをチェックして「あのお店好きなんだね。わたしもその店の○○ってメニューが好きなんだ！」といった程度の好意を、LINEなどで伝えておきます。伝え方はあくまで、天真爛漫さを装って。「社交辞令かな？」「誰にでもこういう態度かな？」と思われるくらいがちょうどいい。

もうひとつ重要なのは、好意を伝える頻度です。毎日毎日伝え続けるのはNG。重いし、都合のいい女になりがち。頻度は月に数回でいい。

そんな好意アピールを続けたある日、彼からお誘いがあるかもしれません。そうしたら、迷わずデートに行き、LINEの天真爛漫なテンションとは違った一面を見せるのです。

仕事への熱意や、語りたい趣味、幼い頃の思い出など、少し心を開き、パーソナルな部分を出しましょう。そして何よりも、「あなたといると楽しい」という感情を笑顔で表現するチャンスも、逃してはなりません。

片想い中、彼に言ってはいけないNGワード

「いつ会えるの？」「来週の金曜はどう？」

これは男性を追い込む短期決戦ワード。あのね、2％の奇跡を起こすつもりなんですよね？ 2時間ドラマじゃない、長編映画なんですよ。数年スパンの覚悟が必要なのです。

わたしにも、過去にそういう覚悟を決めた男性がいました。

最初の頃は短期決戦をしようと思い「来週のこの日は？」と聞いていました。でも、「今月忙しいんだよね」なんて返信があり、あきらかに拒否のサインが出ていた。だからわたしは、「これは長期戦になるぞ」と覚悟を決めたのです。そうするとおのずと、誘い方もこんなふうに変わってくるもの。

「もう夏が終わっちゃったね。今年中に会えたらいいなあ」

「誕生日までに、1回会いたいな」こちとら何年計画だと思っているんですか。2％しか可能性のない片想いを実らせようと思ったら、それくらい大変なのです。

結果わたしは、約1年後、彼と付き合うことができました。勝因は、最後の最後まで、わたしだけが一途に、彼を想い続けていたことでしょうね。

ただし、「彼以外、誰も見えない」という恋に焦がれる状態は、心身の健康に悪影響を及ぼします。長期戦を覚悟する際は、ほかの男性やアイドルだっていいのです、適度に気持ちを分散させることが成功の秘訣でもあります。

「需要のある女」の習慣

「需要のある女」とはつまり、〝売れている〟〝求められている〟女性を指す言葉。まずわかりやすいのが、魅力的な肩書きを持っていることがあげられます。

アナウンサー、CA、弁護士、医師、ミスキャンパス入賞者、外資OL……。

ときどき、「CAってだけで合コンでモテてずるい」「ミスキャンなんて顔だけでしょう」なんて陰口を聞きますが、彼女たちは何もせずにその肩書きがついたわけではありません。肩書きがつくのは、努力の証。だからこそ、立派な武器のひとつにできる。普通のひとでは容易につかない肩書きに対して、世間は価値を見出すものです。肩書きは、男女問わず付加価値になるのです。

わたしの肩書きは、恐縮ながら〝NO．1ホステス〟となっていますが、NO．1の座をキープし続けてこられたのは、お客様自身がその道のNO．1を極めている方が多く、だからこそ〝NO．1〟を好いてくれているのと、やはり日々の人間関係に手を抜かずにやってきたからではないかと自負しています。

かつてわたしは、ある〝大物〟に恋をしたことがあります。とんでもない才能の持ち主で、容姿も良ければ勤務先も一流。まわりは才能溢れる魅力的な女性ばかりで、そんな女性たちから誘われることに慣れている、そんなひと。だからそれまでの男性と同じようにこちらからお誘いしても、微動だにしないのは一目瞭然でした。

ではどうしたのか。

わたしは、彼が「飢えているもの」を見つけることに注力しました。

たくさん〝持っている〟彼が欲しているものはなんだろう……じっくり観察して、想像して、辿り着いたのは、「家庭」でした。バツイチで独身の彼は、ミシュラン三つ星店に誘われて行く機会は限りなくあるけれど、自宅で家庭料理を食べる機会は少ないのではないか、そう思ったのです。

そして実際、自宅にお招きして手料理を食べてもらいましたが、これが的中。彼に「居心地がよくて、とても楽しかった」という喜びの言葉をもらい、関係が深まったことを実感したものです。

こうした〝飢え探し〟は、一般社会でももちろん応用可能です。相手が何をしてほしいのか、何を望んでいるのかを、ピンポイントで押さえることは、「需要のある女」への近道となります。

想像力を働かせれば、円満な関係が続く

探し方は、まずは会話から拾っていきましょう。

そして、想像力を働かせる。彼になったつもりで考えるのです。相手の立場になって考えると、おのずと欲しいものや弱い部分が見えてくるはず。

人間関係において、想像力を働かせることは、本当に大切。想像力が乏しくて、相手を不用意に傷つけてしまったり、関係性が発展しないこと、きっと少なくないはずです。わたしは、ドラマを観ていても脇役にすら感情移入してしまう〝憑依タイプ〟なので、想像力を働かせることが得意なほうなのかもしれません。

例えば、彼が元カノの自慢をしているとします。想像力を働かせず、「なんでそんなこと言うの！　ひどい！　マウントを取っているつもりね！」と怒ってしまう前に、彼に憑依して考えてみると……。

「なるほど、彼は元カノを例にあげて、自分に甲斐性があることをアピールしているんだな」そんなことがわかってくるのです。

もちろん、その真意は本人にしかわかりません。だから、様々な角度のケースを考える

し、いっそのこと「コミュニケーションが苦手なひとなんだな」というところに落ち着くこともあります。

自分の視点でばかり物事を見ていると、頭に「?」が浮かばないから話し合いにならないし、相手を理解するチャンスがなくなってしまう。価値観の違う、自分以外の人間と付き合おうと思ったら、話し合いはとても重要ですからね。

さて、ぜひ養いたい、想像力を働かせる能力ですが、お相手となる彼の想像力を鍛えることもできるんですよ。

日頃から、「いまわたしは、何が食べたいと思っているでしょうか?」なんてクイズを出してみましょう。そして答えを聞くと同時に、その理由も聞いてみる。すると、「この前、食べたいって言っていたから」なんて言ったとしたら、わたしはすかさず正解をあげます。このクイズの目的は、正誤ではなく、いかに理由を考えさせて答えを導くか、ですからね。

ほかにも、想像力の訓練の仕方はたくさんあります。

「わたしはあなたのどこが好きだと思う?　どうしてそう思ったの?」

「あなたは、わたしがあなたに惚れていると思う?　どうしてそう思ったの?」

こうした質問を、何度もしつこく繰り返し聞く。高頻度で聞く理由は、真意ならば絶対に同じ答えになるはずだから。真実は変わらないのです。これが二転三転すると、適当にその場を取り繕うために答えているだけかもしれません。実はこれ、ＦＢＩの取り調べのテクニックのひとつなんだそう。プロのテクニックが、男女関係にも応用できるんですね。

こうした積み重ねで想像力を磨き、相手の気持ちを汲み取ることができるようになってもらいましょう。

ネガティブな発言はしない

さらに、想像力を広げると、自分の要望が通りやすくなるというメリットもあります。

例えば、彼が高価なブランドバッグをプレゼントしてくれたとする。それについて彼は、「女ってほんと、エルメスのバーキンが好きだよな」程度にしか、考えが及ばないと思いますが、それで終わりにしないように、きちんと理由を口に出しましょう。

「バーキンにずっと憧れているの。だって、ひとりの職人が、皮選びから仕上げまで丁寧に手がけ、最後に自分のマークを刻印するんだよ？　すごくロマンチックじゃない？　そんなバッグをあなたからもらったら、壊れても修理しながら一生大切に使いたいな。だから、あなたからのファーストバーキンがほしかったの」

また、高価な時計をもらった場合も同じです。

「あなたと時を刻みたいから、あなたからほしかった」
本心では、「やった！　好きなひとから憧れのブランド品をもらえるなんて！」と小躍りしちゃうかもしれません。その前に〝あなたからほしかった特別な理由〟を**口に出して彼に伝えることで、彼の想像力を鍛えましょう**。そうすると、ふたりの関係が円滑になることはもちろん、以降の〝おねだり〟が通りやすくなるはずですよ。

努力の末の肩書きと、磨かれた想像力。あとひとつ、「需要のある女」に共通するのは、ネガティブ発言をしないこと、ではないでしょうか。

わたしもかつては、どろどろした嫉妬にまみれていた時期がありました。「あんな子、消えてくれたらいいのに」なんて思ったこともありましたが、ある時期を境に、この仕事で自立できるように。自分で大金が稼げるようになると、心身に余裕が生まれる。それに比例して、あれほど根づいていた嫉妬心が、一気にどうでもよくなったのです。

嫉妬心は原動力にもなり得るので、ゼロにしろとは言いません。ただ、ネガティブな考え方とは積極的に縁を切っていきたいですよね。

稼いで生活が豊かになると、心も豊かになる。シンプルですが、とてもいいことずくめな相乗効果だと思いませんか？

女は顔立ちよりも「肌」、は嘘

〈色白は七難を隠す〉
色白の綺麗な肌の女性は相貌がそれほど端麗というわけでなくても十分に美人の印象を与える、といった意味合いで用いられる言い回し。(「実用日本語表現辞典」より)

古来より伝わるこんなことわざがありますが、はっきり言ってこれ、嘘です。色白美肌の前に、やっぱり顔立ちが重要なんです。

先ほども述べましたが、〝容姿のアベレージ〟をゆうに越える女性に色白美肌がプラスされれば、「美人だな」となりますが、そうでない女性が色白美肌でも「へぇー、肌きれいだね」で、終了。男性は年収や肩書きで七難を隠せますが、女性は容姿のアベレージ越えが前提とされている。世間は、本当に残酷です。

なぜそんなに顔立ちが大切なのかというと、紀元前1世紀から原話があるとされる、童話「シンデレラ」を思い出してみてください。王子はシンデレラに一目惚れして追いかけましたよね。これが「ナシ」な女性だったら、当然追いかけなかったはずです。

一方でシンデレラは、王子が「王子」だから惚れたのですよね。ほら、肩書きですよ。だってたった数十分のダンスで、彼の中身を見ることなんてできませんから。それぞれ、顔立ちとスペックで恋に落ちた彼らは、それを〝運命の出会い〟ととらえてしまったのですね。

その後シンデレラは、魔法でよりいっそう綺麗になりますが、ここに、わたしたちにも実践できるヒントが隠されています。

一度はプロの手にかかり「変身の上限」を知る

わたしたちだって、現代の〝魔法〟で綺麗になれる。顔と体を手入れすることで、理想の美が手に入るじゃないですか。お金の許す限り、エステでも美容整形でもいいのです。エイジングケアのためにボトックスを注入するでもよし、理想の顔に変えるのでもよし。

ただ、美容整形に関しては注意点も。わたしもかつて二重幅の狭さがコンプレックスで、幅広二重に憧れたことがありました。ですが結局そうしなかったのは、幅広二重は流行りモノだったし、わたしの顔にはバランスが悪く、似合わないと思ったから。顔を変える場合は、担当医と顔のバランスについてよく話し合うことが大切です。

美容整形までせずとも、**シンデレラのように、最大限までプロに磨いてもらう経験は、絶対にしたほうがいい**。たった一度の経験でも、その後の意識がガラリと変わるはずです。

わたしは高校生の頃、ご縁があり一度だけティーンファッション誌にモデルとして出演したことがありますが、初めてプロの手でメイクをしてもらった自分を鏡で見た瞬間、心底驚いたものです。「まったくの別人じゃないか」と、プロのすごさを実感したのです。

さらに驚いたのが、その帰り道、渋谷を歩いていると、ほかのファッション誌からも声がかかったこと。おそらくわたしは、無意識に自信満々で歩いていたのでしょう。プロの手で綺麗になり、それが自信になって堂々と歩けた。すてきな相乗効果だと思いませんか？

いまでもそうですよ。わたしたち銀座ホステスが綺麗でいられるのは、ヘアメイクを担当するプロのみなさんのお力です。毎日、同じヘアメイクさんにヘアセットしてもらい、普段のお手入れを簡単にするために、トリートメントをしてもらったりしています。

デートの待ち合わせ前に、美容院やヘアメイクサロンに行ってみるのもいいと思います。そして、プロの力で綺麗になった鏡の中の自分と、出会ってみる。**綺麗な自分を客観的に見て、自分の底力を知ってみてください。必ず自信がつくはずです**。

目標は、彼のタイプの女優？　いいえ、「わたしって、ここまで綺麗になれるんだ」と、秘めたポテンシャルを知ることができた、あなた自身です。

売れっ子はみな知っている「あざとい女の演じ方」

売れっ子ホステスはみな、とびきり美人でスタイル抜群だと思いますか？

答えは、ＮＯ。銀座の売れっ子ホステスやママたちは、必ずしも特別な美人というわけではありません。にもかかわらず、なぜ彼女たちがあまたの美人をおさえ、指名を獲得し続けるのか。それは、〝笑顔〟と〝愛嬌〟という最大の武器を持っているから。わたしはさらに、そこに人懐っこい〝いちゃつき〟をプラスしています。

いちゃつき――つまり、〝あざとさ〟です。これって、女性にとって強力な魔法なのです。

まず、若い売れっ子ホステスは、ほぼ間違いなくいちゃいちゃします。

お客さんと腕を組んで、ぎゅっとしたり。両手でお客さんの両頰を挟んで、顔をコチラに向けて、「ねえ、わたしのこと見て？　わたしのこと、好き？　好きって言うまで離さないっ」なんて言ったり。参考文献は、90年代のトレンディドラマ。こんなことをやっているなんて、びっくりしますよね？　でもこれ、結構な爪痕になるのです。

では、わたしがいつもやっている、通称〝南々子劇場〟としてお店でホステスたちが笑ってくれる〝あざとさ〟とは。例えば——。

1．男性から知識を引き出す

男性は教えたがり。会話中、知っていても知らないふりをするのが〝あざとさ〟。「そうなの？　なんとなく知っていたけれど、詳しくはわからなかったの。○○さんの説明のおかげで、やっとよく理解できた！」と知らないふり。負けず嫌いを出したら負け。

2．口の周りに食べ物をつける

一緒に食事中、唇の端に食べ物をちょこっとつけたままにする。
男性「口の周り、ついてるよ」
南々子「もー見てないで取ってよー！」
これだけで可愛がられる。寿司屋で食事するなら、髪の毛に米粒つけてもよし。「髪の毛にシャリがついている」なんて、これほど印象的なことはない。

3．「キミの目は綺麗だね」と褒められるように仕掛け、言われたときのセリフ

「あなたにそんなことを言われたら、好きになっちゃうじゃないですか！　やめてよー。ドキドキしちゃったー！」と、胸を押さえながら言う。大げさでも、相手は確実に喜ぶ。

4．男性の手を握りながら言うセリフ

「はあ……あなたの手、触っているだけで落ち着く。すごく癒されるんだ。もう少し握っていていいかなあ？」

5．男性の背中を触りながら言うセリフ

太め男性には「すてき！　いい感じに筋肉ついてる」
細め男性には「細マッチョってかっこいいよね！」
そのまま背中に顔をピトッとつけることもある。

6．会話に下ネタを入れる

南々子「あなたの好きな場所は？」
男性「銀座かな」
南々子「嫌いなところは？」

男性「騒がしいところだね」
南々子「じゃあ感じるところは？」
男性「!?」
下ネタのガイドラインは、地上波テレビ番組で放送できるくらいのレベル。それ以上の激しいレベルだと、下品になってしまう。

7．真面目な顔つきでツボを押す

南々子「ちょっとあなたのくるぶし触っていい？　どう？　痛い？」
男性「ちょっと痛いかも」
南々子「大丈夫？　もしかして男性機能が元気なくない？」
男性「たしかに最近、そうかも……」
南々子「やっぱり！　ここ、性器のツボがあるから大事にしたほうがいいよ。あ、ごめんね？　エッチな意味じゃないから。わたしこういうの得意なの」
そのほか、股関節のマッサージをオススメしたり、尻の上あたりのツボを押すパターンも。
「こんな恥ずかしいこと、できない」ほとんどの女性がそう思うでしょう。わたしもかつてはそうでした。そういう女性のなかには、男性にとって隙がない、ガードがあるから入り込めない、つまりチャンスがないと思われる女性もいます。

でもね、それは男性を寄せ付けないようにしているわけじゃないんですよね。本当は、相手に気を使っているのです。とても気配りに長けた、素晴らしい女性。相手のことを考えて、「わたしがこんなことをして、嫌な気持ちになるんじゃないか」と考えてしまうから、一歩引いて接してしまう。男性は女性のそういった真意を見抜けないから、「隙がない」とだけ思ってしまうのです。

だから大げさにあざとさを全開にしないと、伝わらない。大丈夫です、1回やれば慣れるもの。あざとさは、慣れですから。最初の1回さえクリアすれば、「あ、結構できそう」と思えて、あとは何度でも実践できるはずだから。

そのときの同性からの、「あの子、男に媚びを売ってる」「軽く見られて、かわいそう」なんて陰口は、嫉妬そのもの。だって実際は、軽くはないでしょう？　「押せばイケる」と男性が思うように仕向けているだけで、実際にはそうではない。だから、「ああ見えてちゃんとしてるよなあ、あの子」と、勝手にギャップで惚れていってくれる。

いいことずくめな、あざとさ。どうですか？　実践したくなってきましたか？

それでもまだ、プライドが許さない？　いやいや、こんなこともできないで、そう思うあなたは何様なのよ。わたしも正直恥ずかしかったですよ。手を握ることさえも。でも、喜ぶんですもの。喜ぶ顔が、見たいんですよ。プライドなんていくらでも捨てられるし、同性に「あの子、バカみたい」と思われても平気です。

たった1回の壁を越えるだけでいいのです。路上ティッシュ配りのアルバイトと同じ感覚です。最初のひとりに渡すまでは、すごく恥ずかしいでしょう？　でも、1回渡してしまえば、羞恥心をいつの間にか忘れ去って、あとは「いかに効率よく渡すか」に考え方をシフトしますよね？　渡し方のコツを覚え、ティッシュを受け取ってくれるひとと、受け取ってくれないひとがなんとなくわかるようになる。そうすると、傷つかないようになる。

あざとさも、それと同じ。ぶっつけで本命に試すのは、わたしでもムリなくらい至難の技。まずは本命ではない男性で、〝練習〟してみてください。「このひとになら、何を言われても蚊に刺されたようなもの」と思えるような男性に、あざとく接してみてください。それはそのひとを弄んでいるようで、気がひける？　大丈夫、告白するわけじゃないのだから。もし本気になられたら、「えー、そうなのー？　全然気づかなかったー！」と、あざとさで一貫して、心の中で「ごめんなさい」しましょう。

もし拒否されたら、それはチャンス。「わたしのどこがダメだった？」と聞いて、学習できるからです。ひとは場数を踏んで、学習するもの。人生は、修行ですからね。

脈ありと思っていたのに……実は「本命じゃないよサイン」かも

金曜日の23時、恋するお相手に、突然呼び出されたことはありますか？

尻尾を振って喜んで「行く行く！」と飛んで行ったら、**はい、それは〝都合のいい女〟誕生の瞬間です**。

激務で超多忙な男性からの、「いまから30分だけ時間が作れたから、会おうよ」なんてお誘いは例外として、そうではない男性からの突然の呼び出し。その真意はというと……。

「変な時間に飲み会終わっちゃったな。キャバクラでも行くか？　でも金かかるしなあ。すぐ来そうな女を呼ぶか」

悲しいけれど、あなたに会いたいから呼んだのではないのです。

突然の呼び出し、それは彼からあなたに向けられた「本命じゃないよサイン」なのです。

さらに続きもあります。彼の呼び出しに応じて、一緒にお酒を飲んでいるとき、「かわいいよ」「好きだよ」こんな甘い言葉を、体を触られながら言われたら、それは喜ぶところじゃありません。男性は本命にはそんな言葉、軽々しく言えないもの。これもやっぱり、ナメられたうえでの「本命じゃないよサイン」。

そんな明るくない未来が待っているとわかっていても、楽しむ自信があるのなら、お誘いに応じてもOK。「彼に会いたい！」という素直な気持ちに従いましょう。でも、**少しでも不信感がよぎるなら、やめたほうが賢明です**。女性のピンとくる直感って、案外当たるのですよね。そして、もしそのあと肉体関係を望んできたら、絶対に体を許しちゃダメ！……とは、わたしは言えません。あなたが、彼を翻弄させるほどの女性性を見せつけることができたり、〝昼〟と〝夜〟とのギャップで惚れさせる自信があるのなら、それは立派な武器。わたしに止める権利はありません。

それが自分の気持ちに正直になったゆえの行動なら、望むところですよね。本命じゃない限り、男性は待ってはくれません。1度断ったら次はないので、「わたしのほうが、あなたの体が目的だったの。だから抱いてあげただけ」くらいのスタンスで挑みましょう。

「断ったら次はない……という予感が当たりそう。でも、体は許したくない。でも、好き。ああどうしよう」と葛藤する女性の気持ちも、とてもよくわかります。そんなときは、断り方ひとつで、次のお誘いに繋がる可能性も。

例えば、「かわいいね」だなんて言われて体を触られ、キスされそうになったら、彼の両頬をぷにゅっと手で挟み、こう言いましょう。
「ねえ、わたしの気持ちは聞かないの？　ちゃんと『付き合おう』って言ってくれなきゃイヤ！　言ってくれなきゃ、キスはいまじゃないでしょ？」

　こうやって彼の性欲をかわすことができたら、彼の中であなたが、〝都合のいい女〟から、〝落としたい女〟に変わるかもしれませんよ？

　さて、こんなときわたしなら、彼にはっきりと聞いてしまうでしょう。
「さっき『好きだよ』と言ってくれたけど、それはどういう意味の『好き』なの？　将来を一緒に見ていいの？　それとも、いまだけの関係？」と。いまから行う行為で、あなたはわたしの人生を背負える覚悟があるのかと、問い詰めるのです。重い女だと思われるかもしれませんが、**それで去っていくのなら、その程度の男性なのですよ。**

　なかには、そんな問いかけにさえ「もちろん、背負うよ」と真剣な眼差しで答えておいて、翌日から音信不通になる……なんて男性もいます。**こういう男性に遭遇してしまったら、交通事故に遭ったと思いましょう。**女性に落ち度は、まったくありません。

　インフルエンザだって予防接種してもかかってしまうことがあるでしょう？　恋も同じです。1週間は苦しむけれど、予防接種＝若いうちにたっぷり恋愛経験をしていれば、「まあ、こんなこともあるよね」で、1ヶ月後には彼を忘れてケロッとしているはずですから。

一流の男の見極め方

〝一流の男〟と聞いてわたしが思い浮かべるのは、高年収だとか高級スーツに身を包んでいるとか、そういったことではありません。それは単なる、「ちゃんとしているひと」ですから。

わたしが思う〝一流の男〟は、好きな女性の前で弱みを見せられるひと、ですね。

男性はプライドが高い生き物。だからこそ、自分の弱さを認めることは、思った以上に容易ではないのです。

成功している男性が、「この地位は、なくなるときは一瞬でなくなるから、怖いんだ」と言えるなんて、自分の弱さをわかっていてかっこいいじゃないですか。

同じく、好きな女性や家族のためにどん底で泥水が飲めるひと、砂を噛めるひとも、〝一流の男〟といえるでしょう。綺麗事だけでは生きていけないこの世の中で、進んで泥臭いことができる男性があなたの周囲にいるとしたら、手放さないほうがいいでしょう。

そして、育ちのいい男性も、〝一流の男〟の条件のひとつ。

「育ちがいい」というのは、親から愛されて育ったひとを指します。愛されて育った男性は、ひとを傷つけるような言動をあまりしないのです。さらに家庭教育の過程で母性が備わっている男性も、女性を傷つけるという発想がない。〝一流の男〟の片鱗は、幼少期からすでに芽生えているのです。

一方で、仕事面で一流だと思う男性は、一切を顔に出さない男。

歴史上の人物だと、石田三成はかなりの〝一流の男〟といえます。彼を〝一流〟たらしめる、こんな逸話が残っています。

お茶文化が盛んだった戦国時代のある日、三成は茶会に参加しました。同じく参加者に盟友の大谷吉継がいましたが、彼はこのとき、当時は不治の病とされていた皮膚疾患の出るハンセン病を患っていました。茶会といえば、たてられたお茶を参加者が同じ茶碗で順番に飲んでゆくのがお作法。吉継が飲む際、彼の顔から垂れた膿が、茶碗の中にぽとり。周囲の参加者たちが眉をひそめ、茶碗に手を出そうとしないなか、三成はどこ吹く風とばかりに茶碗を手に取り、平然とした顔で飲み干したそうなのです。

ひとを不快な気持ちにさせないよう、一切を顔に出さなかった三成に、その場にいたひとたちは尊敬の眼差しを向けたといいます。

そんな〝一流の男〟は、一体どこにいるのでしょう。

これればかりは、たとえ高級ブランドを身につけていたって、無理をして見栄を張っているだけかもしれないように、外見からは測れません。やはり、経験値を積んで目を養うことが、〝一流の男〟に出会うための第一歩。

そのために、恋は、たくさんしておくに限ります。

最初は見栄えの良さに目を奪われていても、経験を積んで、「このダイヤ、ニセモノだわ。よく見ると金具がおかしいから、わかる」と、気づくことができますから。目が肥えるって、こういうことなんですよね。

一流の男に愛される女性像

前述のような一流の男性と出会い、相思相愛になるにはどうすればよいのでしょうか。

自分も、彼と対等になれるほどの一流の女にならなければいけない？　……と聞かれれば、そうではありません。

必要なのは、一流の男に寄り添える心。

仕事ができる一流の男は、一般社会の尺度では測れないような、どこかしら〝ぶっ飛んでいる〟側面があります。そんな面を見ても臆せず、**「人間だもの、そういう部分もあるよね」**

と思えるくらいの器の大きさが必要です。

そしてそんな器が、最後の受け皿だと思わせる。

「最後にはわたしがいるから、大丈夫だよ」と。そうすると弱みを見せてくれるのです。

それは口だけではありませんよ。前述の通り、一流の男は女性や家族、仲間のために泥水を飲め、砂を噛めるひと。日々、覚悟を持って様々な局面に挑んでいるひとです。

何か大変なことに巻き込まれるかもしれない。

経営する会社を乗っ取られたり、騙されたり、無職になったり……。

そうでなくても、会社員が頻繁にリストラされる時代。災害被害だっていつ身に降りかかるかわかりません。それに、日々事故は起こる。そうなったとき、彼を捨てずに彼の足になって支えてあげることができるのか……自分に問いたいですよね。

そういった苦難の局面を想像したうえでの、最後の受け皿。具体的に、「そうなったらわたしもこれだけ稼いで生活を支えるから、頑張ろう」などと腹を据えて言えたら、一流の男もグッとくるのではないでしょうか。

男性陣が思う「結婚したくない女」のリアル

おそらく全男性が一致するであろう、絶対に結婚したくない女性像があります。

それは、チャラい女！

わたしが思う〝チャラい女〟とは、出会ったその日に、気持ちも確認し合わずに肉体関係に発展してしまうような女性。また、会話に深みがない女性も、〝チャラい女〟の特徴のひとつ。「その瞬間だけが楽しければいい」をモットーにしているかのように、その場でだけイチャイチャして、かわいがられて、ハイおしまいの、そんな女性。

わたしも以前、〝チャラい女〟を見たことがあります。彼女は、容姿は抜群にかわいいし、一緒に飲む男性はみんな「楽しい」と言うけれど、同時に「真剣には付き合えない」とも言うのです。

彼女は、出会ったその日に性交渉することが多いのですが、どうも性行為自体が好きではないのか、行為中にポジティブさがないようでした。男性に求められることで承認欲求を満たしたいだけだったのかもしれません。そのうえ、求められて性交渉したあとの彼女は、落ち込み、病んでいる。一連の彼女の行動が、まるで自傷行為のように思えてしまいます。

結婚とは、山あり谷ありの長い人生を、ともに歩むことです。はたしてこういった女性とともに、この先の人生を歩めるのか……。そう考えたとき、多くの男性は「……いやいやいや、ムリムリ！」と首を横に振るはずです。

さらに、結婚と同時に浮上するのは、子どもの存在。**男性は無意識に、「この女性と結婚し、子どもが生まれたら、彼女は子どものお母さんになれるのだろうか」と考えます**。つまりは、「この女性には、安心感や居心地の良さがあるだろうか」といった視点で女性を見るのです。となると、〝チャラい女〟に安心感や居心地の良さを求めるのは、ちょっと難しいですよね。

若いうちならば、「その瞬間が楽しければＯＫ！」な遊び方が許容できても、年齢を重ねると、真剣にひとりの相手と向き合い人間関係を築くことがいかに大切か、身に染みるもの。

簡単に肉体を重ねて「どういうつもりで抱いたの!? ひどいじゃないの！」と問い詰めて傷つき、またほかの男性と同じことを繰り返す〝チャラい女〟になる前に、向き合える男性と出会い、愛し愛されることを知っておきたいですよね。

遊び慣れた男性が、最終的に選ぶ〝本命女〟像

銀座には、遊び慣れた男性がたくさん集います。「英雄色を好む」という言葉があるように、それぞれ才能溢れる方たちです。ただし、普通の女性が聞いたら、「そんなに遊んでいるなんて、信じられない」と思うような女性経験のある方も多いのですが……。

さて、そうした遊び慣れた男性、いわゆる〝遊び人〟にも本命女性はいるものです。遊ぶ相手と本命の相手、どこが分かれ道なのでしょうか。

遊び人たちに話を聞くと、「最初は遊び相手だったとしても、ふとしたときに見せるギャップで、深海に突き落とされる」とのこと。例えば、わたしのような銀座ホステス、家事なんてなにもできない、生活力のない女性だと思われがちですが、実際には家事大好きの、いわゆる〝家庭的な女〟。女性のそういう部分を見て、衝撃を受け、胸を打たれるそう。そうした驚きが、ほかの女性にはない印象を与えてくれるようです。

家事などの特技がなくても、信念や趣味などでも、ギャップを見せることができます。

例えば、軽薄そうに見えて、家族を大切にしていたり。「家族を大切にする」ことは、当たり前すぎて口に出す機会はないかもしれません。そうした当たり前、相手にとってはイレギュラーかもしれませんので、どんどん口に出していきましょう。

何より、「家族を大切にする」女性は、将来像を見据えやすい。覚えておいて損はないキーワードです。

そんなふうに、入り口は本命ではなくても、女性の様々な引き出しが見えてくると、徐々に本命レールに乗るのですね。

また、何よりも遊び人が欲しているのは、「愛されている実感」だったりします。

女性と深入りせず遊び続けてきた男性は、愛される実感がないまま「さよなら」を繰り返してきました。遊び人と付き合う女性側だって、傷つきたくないから深入りしませんしね。だからこそ、ふと、「俺、この女性に愛されている」と思った瞬間、ほかの女性との違いを実感し、心が奪われてしまうのです。

遊び人を手に入れたい女性は、ギャップと、彼を愛する勇気を養いましょう。

縁がなければ潔く去る

恋に落ちると、「学生時代から、気になることは変わっていないなぁ」と実感しませんか？　あの頃と同じように、いつもいつも「彼の言動、脈あり？　脈なし？　どっち⁉」と考えてしまうところ、大人になっても変わらないという女性は多いはずです。

そんなふうに、脈のありなしを気にしてしまう恋する女性に向けてお伝えします。

「これすべて、脈なしサインです！」

・連絡先を聞かれない。
・１度目のデート以降、２度目のお誘いがない。
・ＬＩＮＥのやりとりは続いているけれど、デートには誘われない。
・何度もふたりきりで会っているのに、関係性がまったく進展しない。
・デート時間が短い。
・会話中、楽しくなさそう。

・まったくお金をかけてくれない。

……このように、男性は脈の有無をいろいろなシーンでわかりやすく表しています。一言で簡潔にお伝えするならば、「アクションを起こしてくれたら脈あり、なければ脈なし」と言えるでしょう。ちなみに、初回デートでは気にする必要はありませんよ。お互いに探り探り、足踏みしている状態です。気にすべきは、数回会って以降です。

そんななか、見極めが難しい男性の言動もあります。

例えば、普段のＬＩＮＥ送信は女性側からばかりで、彼の反応はいつも薄い。そんな関係性で、気まぐれに彼のＬＩＮＥに返信をしなかったとき、彼から、いかにもこちらを気にしていそうな文面が届くことがあります。

「どうしたの？　何かあった？」

さて、これは脈ありでしょうか？　それとも――。

正解は、「繋ぎ止めておきたいから、心配しているふりをしているだけ」でした！　なぜ彼の真意がわかるのかというと、かつてわたしが、色恋営業のお客様相手に、よく使っていた手だから。決して、「好きだから」ではない。好きならば、男性はもっと早く行動を起こしていますからね。

こうしたＬＩＮＥが届き、「駆け引きに成功した」と色めき立つのは、ぬか喜びなのです。**そんな脈なしサインに気づいてしまったら、潔く去るのが賢明**。だって時間がもったいないですもの。時は金なり、ですからね。辛辣ですが、縁がないひととは一生縁がないと言っても、過言ではありません。

ですが、人間ですから、そうさっぱりと諦められるものでもありません。よほど好きならば、振られても粘り続けて再アタックするのはアリ。何度も振られ、「もう、この恋は終わりだな」と自分が納得してから一つの恋をおしまいにするのだって、遅くはありません。

また、前述したように、わたしだって数年がかりで追い続け、やっと振り向いてもらったことがありますからね。奇跡も起こりうるから、簡単に諦められません。

そんなとき、彼ひとりに没頭してしまうことほど危険な状態はありません。なかなか諦められない男性を思い続けたいときは、〝男バンク〟を作ることをおすすめします。常に数人単位で「彼、いいかも」と思うレベルの男性を心にキープしておくのです。それだけで、心身の健康を守ることができるはずですよ。

恋をし続けるには、何よりも健全な精神が必要なのです。

アプリでの出会いで、見極めるべきもの

世間では恋多き女は敬遠される傾向にありますが、わたしはそうは思わない。恋は、たくさんしたほうがいい。本命の恋を成就させたいときも、**恋愛未経験の状態よりは、経験値が豊富なほうが、これまで学習したことを生かして動くことができますからね。**

「下手な鉄砲も数打ちゃ当たる」ということわざがある通り、恋愛も同じ。**たくさん出会って、数を打って、経験値を積みましょう。**

そこで、いまは出会いの主流となっている出会い系アプリはとても有効です。まず「どちらも出会いを求めている」状態というのは、話が早いですよね。ただ、ひとによって出会いの目的は様々。いますぐ結婚したい、恋人がほしい、友達がほしい、肉体関係がともなった遊びがしたい……などなど。わたしなら、会ってすぐに相手の目を見て言います。「真剣な交際を希望しています。ゆくゆくは家族もほしいです」と。

こういうことは言いにくいですよね。わかります。でも、言わないまま何度も会い、関係が深くなるにつれ、「彼は最初は遊びのつもりだったかもしれないけど、何度も会って

くれているし、わたしに対して優しいし、目的が変わってきているのかもしれない。結婚も考えてくれるはず」なんて夢を見ていると、たいてい痛い思いをして目が覚めるものです。

相手に期待したいのは、女性なら誰でも同じ。でも、**未来の自分のために、最初に確実に言質をとっておかないとね**。

よく、「アプリでの出会いは疲弊する」と聞きますが、こちとら数を打つために効率的に出会わないとならず、ひとりに時間をかけて体力を消耗するわけにはいきません。だからもう、最初にスタンスを決めてしまいましょう。「これはオーディションである」と。

1度目は、いわば「一次選考」。ランチ時のちょっとした空き時間で、喫茶店でお茶のみにとどめ、30分程度で切り上げる。30分もあれば、外見のアベレージを越えているか否か、話していて楽しいか、もっと一緒にいたいと思ったかなど、「アリ」か「ナシ」かはわかるはずです。

2度目の「二次選考」も喫茶店がおすすめ。会話に重きを置き、チェックするのは、自分の質問に対してどう答えるかなどのより内面的な部分です。

そして3度目の「三次選考」では、場所を飲食店に移し、見るのは食べ方など。こうしたマナー的な部分は、これまでの人生で根づいたもので、家庭環境や教養の有無などが背景にある、とても重要なポイント。さらに、これまで教育されてきたことなどを聞けば、より将来を見据えた相手選びができるでしょう。

忘れてはならないのは、相手も自分を「審査している」ということ。だから当然、相手にとっての途中選考で落とされる可能性も大いにあります。

そんなとき、お相手が本命ではない場合は、遠慮なく聞いてしまいましょう。

「わたしのどこがダメだった？」

フランクに聞いてみて、答えてくれるなら儲けもの。それが改善できるところならば、自分をアップデートするチャンスです。

出会い系アプリの出会いも、前述した〝ティッシュ配り〟と同じです。いつかくる本命の恋のために、数を打ち、効率的に人間を見ることができる目を養い、ときには失敗して学習し、本番に備えましょう。

2章

選ばれ続ける女の交際論

～彼との関係の育て方～

尽くしすぎはNG、ではない

巷の恋愛テクニック本でよく見かけるフレーズがあります。

「男性に尽くしすぎるのは、NG！」

本当にそうなんでしょうか？　わたしは、NGとは言えないんですよね。むしろ、尽くしOK、尽くしてこそ、だと思っています。

わたし自身、これまで男性との交際で、尽くさなかったことは1度もありませんし、「もっと尽くせていたら」とまで思うほど。

食事も作るし、彼が風邪で寝込んでいたら甲斐甲斐しく看病する。自分ができる範囲内で、時間やお金をかけて相手が喜んでくれることをするのは当然だと思っているし、マイナスだと思ったことはありません。

これは彼氏に限った話ではありません。友達にも同じことをします。男女限らず、好きなひとに対して、やってあげられることはやってあげたくなるものではないでしょうか。

ただ、こちらのターンでの〝100尽くし〟に対して、彼が自身のターンでどんな反応をするかが、見逃してはならないポイント。

冷静に見てください。女性の〝100尽くし〟に対し、お相手の男性はどうするでしょうか。

旅行に連れて行ってくれる？　出張先からお土産を買って帰ってきてくれる？　駅前のオープンしたてのスイーツ店でケーキを買ってきてくれる？　お金がなければ、「疲れたでしょう？」と言いながらマッサージしてくれる？

彼も〝100〟または〝100オーバー〟で返してくれるなら、素直にその愛情を感じ取ってください。

わたしの場合は、以前お付き合いしていた彼が浴室の排水溝を掃除してくれている姿を見て、「100で返してくれている」と感じ取り、惚れ直したことがあります。家のことをするのは当たり前のことかもしれません。でも、進んで汚い仕事をしてくれる姿に感動してしまったのです。

そんなふうに、日々の彼の言動を多角的に観察すると、「こんなに尽くしてあげたのに、何もしてくれない」という勝手な期待感からの失望は、軽減されるかもしれません。

でも、どこからどう見ても、〝100尽くし〟に〝50〟しか返さない……いや、〝0〟なんてパターンもあり得ますよね。

一方的な尽くしは、愛情がないサイン

こちらが進んで尽くすより先に、顎で使われ始める。「いま駅に着いた。早く迎えに来て。あ、お金貸してよ」だなんて、毎日毎日、都合よく使われる。お土産もなければ、お礼すらない。

こうなってしまった男性に対して、「でもわたしは、彼のそばにいるだけで〝100返されている〟と同然だから」「彼の話は身になるから、それでチャラになっている」と捉えられるのならいいのです。まだ心のバランスが取れている証拠。

でも、「なんだか、わたしばかり尽くしていない？」と違和感が生じ始めているなら、話は別。もう答えは出ています。

「彼は、わたしのことを、もう愛してはいない」と。もう好きではないんですよ、そこに愛情はひとかけらもないんですよ。そうなったら、一度話してみてください。彼が現状にあぐらをかいているのだとしたら、「こうしてほしい」「昔はこうしてくれたよね？」と要求を口に出すのです。人間は男女限らず、すぐにあぐらをかき、それが当たり前になってしまうものだから。そうやって口に出したことで、彼が気づいてくれることもあります

から。

ですが、それでも響かなければ、さっさと手放すに限ります。この先一緒にいても、愛情が復活する可能性は限りなく低いでしょう。

きっと女性側だって、見て見ぬ振りをしているだけで気づいているはず。ならば、自分との戦いだと思って、とことん向き合ってみましょう。そのうち必ず、「あれ？　なぜわたしは彼と付き合い続けているんだろう」と気づいて、時間がかかったとしても彼と離れる決意ができるはずですから。

一方で、例外もあります。こちらが〝100お金を使っている〟ATM状態、つまり、ヒモ男性の場合。ヒモ男性はお金を使わないかわりに、日々の家事や労い、買える範囲内のプレゼントなどで、女性を喜ばせ、癒してくれる特殊スキルを持っています。この場合は、〝100に100で返している〟となるので、win-winな関係といえるでしょう。

尽くしは、愛情表現のひとつ。愛情に愛情で返してくれない男性は、いますぐ捨ててしまいましょう。

女には生まれながらにメンヘラDNAが組み込まれている

メンヘラ――「病んでいる人」「心に何かしらの問題を抱えている人」という意味で使われる言葉ですが、女性ならば誰の心にもその影が潜んでいること、知っていましたか？お付き合いするお相手や、そのとき女性が置かれている状況次第で、誰でもメンヘラになり得るのです。

わたしが思う、「これをやってしまったらメンヘラ」な定義とは。

・長文メールを1日に何度も何度も送る。返信がなくても送り続ける。
・夜中に送ったLINEを、相手が読む前にあえて「送信取り消し」しておいて、ただ事ではない痕跡を匂わせる。
・相手が仕事中であることを知ったうえで、構わず電話する。
・待ち伏せする。

チェックした項目はありましたか？

女性の中のメンヘラ性が発動してしまうきっかけは、ただひとつ。〝不安〟です。

「彼が浮気しているかもしれない」などを始めとする彼に対する不安がふつふつと沸き立ち、止まらなくなってしまったら危険サイン。

普通はね、関係が良好なふたりならば、同じような状況でもちょっとしたヤキモチで済むのです。

「接待飲みに女の人がいるの？　えー！　やだやだー！　行かないでよ〜」なんて、男性から見て可愛いヤキモチで終わるもの。お相手の男性も、何度も着信が残っていたとしても、「ごめんごめん、まだ接待中だよ。なあに？　どうしたの？」なんて甘い雰囲気でイチャイチャな展開が始まるはずです。

でも、メンヘラ女性の場合は止まらない。

「いつ帰ってくるのいつ帰ってくるのいつ帰ってくるのいつ帰ってくるの」という同じ単語が並ぶホラーなメールを深夜に送りつけてしまう。

ヤキモチとメンヘラの決定的な違いは、悲しいけれど、愛されているか、愛されていないかの、シンプルな違いです。お相手の男性が女性に惚れていたら、メンヘラは成り立ちません。つまりは、「わたしは、愛されていないかもしれない」という不安が具現化したといえます。

自分は惚れているけれど、相手はそうではない。だから不安になる。だからどうにか構ってほしいから、変なアクションを起こす。そして嫌われる……。

付き合っていながらも、実質は片想いなんです。悲劇です。壮大なオペラになりそうなくらいの、悲劇なんです。

メンヘラを発動しないためには

男性もメンヘラを発動することがあります。わたし自身も、色恋営業がきっかけでメンヘラが発動した男性と、いざこざがあったことがありました。

何枚にも渡る手紙や長文メールが届き、あげく婚姻届が送られてきたり、いろいろな電話番号から着信があり、身に危険を感じた結果、やっとのことで警察を動かして接近禁止命令を出してもらったのです。銀座のホステスだから、そりゃあお金は使ってもらいます。それがゆえに、「こんなにしてやったのに、どうして!」という恨みを買ってしまったのですね。恨みのパワーは凄まじいです。このエネルギーを真正面から浴びると、強力なストレスが降りかかります。これがきっかけで、わたしは色恋営業をやめ、〝色〟を売らずに〝人間性〟を売る術を覚えました。

銀座のホステスは、誰にでもできるようなことではないから、大金を稼ぐことができる。比例して、危険な目にも遭うし、犯罪まがいな出来事に巻き込まれるときもある。生身の人間を相手に至近距離で商売をしていますから。そこに綺麗ごとなんて、ありません――なんて話は、また別のところで。

そう、メンヘラ性を出していいことなんて、ひとつもありません。その言動はすべて、他責の念しかなく、自己中心的。相手を思いやる想像力が、ぽっかりと欠けてしまっている。自身のメンヘラ性に苦しんでいる女性もいるでしょう。ダメだとわかっていても、ブレーキはかけられませんよね。でもね、長くは続かないから大丈夫です。安心感を与えてくれるひとに出会えば、きっと収まりますから。

それに、打開策ももちろんありますよ。忙しく仕事をしていてください。趣味に没頭してください。**あり余る時間とエネルギーが、メンヘラを発動するガソリンなのです**。大切な時間とエネルギーは、仕事や趣味にすべて注ぎましょう。

不毛な喧嘩に発展しないための、話し合いの鉄則

恋人同士に言い合いはつきもの。険悪な喧嘩になるかならないか、重要なのは本質を見失わないことと冷静さ、そして話し合う時間帯やシチュエーションにあること、知っていましたか?

まず、夜と、酒席での話し合いは、もってのほか。喧嘩の奥にある本質には辿り着けぬまま、言葉尻を捉えてあげつらったり、揚げ足を取ってマウンティング合戦したり、冷静になることができないのです。だって、人間だもの。感情的になるのは仕方がないですよね。

でも、喧嘩に発展しないコツがあるんです。

まず、話し合いの時間帯とシチュエーション。**同居しているのなら、朝、散歩をしながら話し合うのがベスト**。朝ごはん時やランチでもかまいません。**同居していないなら、なるべく夜を避けて会いましょう**。お酒の勢いがないと言えないこともありますが、まずは太陽の助けを借りて。

お話にならないのは、夜中のメール攻撃ね。夜中のメールは、ひとを傷つける刃と同等。一方的な奇襲ですよ。とにかく一晩寝かせて、朝改めて読み、「うわ、昨日のわたし、ひどい」と客観的に感じてください。物理的な距離がある、遠距離恋愛中でもメールはダメ。必ず会う時間を作ることをおすすめしますが、難しい場合はオンライン通話や電話でもいいですね。

感情も正論も言っていい。けれど

次にすべきは、彼と対峙する前、自分のなかで「わたしは何に不満を持っていて、それをどうしたいのか。何が解決策なのか」と話し合いの本質を確認しておくこと。別れたいのか？　それとも改善点を伝えて再構築する、別れないための話し合いなのか？　……などと目的を明確化するために、ノートに書き出してみるのもいいですね。

改善や解決をすることが目的でしょう？　決して、感情的な言葉をぶつけて傷つけることが、目的ではないはずです。怒りの感情がむくむく湧いてきても、ぐっと我慢してみてください。

そしていざ、彼とご対面。例えば、原因が「彼が参加した飲み会に女性がいるなんて、知らなかった」とします。腹立たしいですよね。わかります。最初は感情的になり、「すっごいムカついたから！」と勢いで言ってしまっても大丈夫。感情的に自分の気持ちを吐き出したあとは、本質に向かって臨みましょう。

その第一歩として、彼の気持ちを探ります。

「どうしてそうなったの？　どうしてわたしに黙っていたの？」と彼の気持ちを探り、一緒に解決策を見出していくのがベストなのですが、ここでやってしまいがちなんですよね、必殺！　正論振りかざし！

女性が正論を振りかざすときは、たいてい自分のことを棚上げ状態でお説教モードになってしまいがち。これではプライドの高い男性は納得できず、喧嘩が長引いてしまいます。**正論をぶつけたいなら、自分の欠点も同時に伝えましょう。**

「自分に自信がないから、ほかの女性がいることがすごく不安だった。わたしが惚れた相手なんだから、モテるに決まってるもん。だから心配なんだよね。そうやってヤキモチを焼いている自分もイヤだし、こんなことで怒っている自分もイヤなんだけどね」

自分が何についてどう怒っているのか、自己分析できていないと、話し合いになりません。「ただただムカつく！」という感情にも、絶対に背景があるのです。自分の心の奥にある本質に辿り着き、言葉で表現することができれば、前向きな喧嘩ができるはずです。

さて、こうした喧嘩は、たいていどちらかの「ごめん」が幕引きのきっかけになりますが、**小さな喧嘩の場合、わたしは悪いと思っていなくてもすぐに謝ってしまうタイプです。**小さな喧嘩は早めに鎮火するに限りますからね。

でも、謝ってはいけない喧嘩もあります。お互いの尊厳に関わるような譲れない問題があるのなら、納得していないのにその場を丸く収めたいためだけの平謝りは厳禁。ここで収まっても、尾を引いて後日また喧嘩に発展してしまいます。

納得したり、理解させたり、解決策を導き出す作業は、時間もエネルギーも要するし、ほんとうに面倒。だけど、**「面倒くさいから」と怠れば、火種はずっとくすぶり続けます。**ひとと向き合うことや付き合うことは、紛れもなく、面倒くさいんです。でもその先には、揺るぎない信頼関係が待っているのです。時間やシチュエーションを味方につけ、有意義な話し合いができますように。

仲直りに効く、かわいいプチ土産

喧嘩のあとの仲直り、それはまず、「会う」ことから始まります。同居でも近距離でも遠距離でも、まずはとにかく会いましょう。だから例えば、彼氏と同棲している女性ならば「喧嘩をしても、とりあえず、必ず家には帰ってきて」と伝えたほうがいいですし、それぞれの家があるカップルも、彼に「会おう」と伝えるべきです。

そして、いざ会う。まだツンケンしてしまう気持ち、すごくわかります。わたしも「まだ怒っているんだからね」というアピールで、だんまりを決め込んでしまうタイプ。それでも、毎回顔を合わせて、徐々に自分のテンションや空気を、無理やりにでも〝日常〟に戻します。そうして、「なんか……まあ、いっか」と気持ちが変化する流れを作るのです。

「Time cures all things.」――時はすべてを癒してくれる、という意味の英語のことわざがあります。日本では**「時は薬なり」なんて表されていますが、ほんとうにその通り。よほどのことではない限り、人間は時間とともに忘れることができますから。**

ただ、会わないまま時間だけが経過すると、会わない時間分の溝が深まりそのまま別れてしまう可能性もあります。それは、悲しいじゃないですか。だからとにかく会いましょう。会って、〝日常〟として流れる時間に身を任せ、こじれた仲を修復しましょう。

　ところでわたしが以前、同居していた彼氏と喧嘩をしたときのこと。

「喧嘩をしても、なんでもいいからとりあえず家に帰ってきて」というスタンスのわたしの意に反して、彼は家出をしました。謝罪の連絡も、もちろんなし。5日後、久しぶりに彼から電話がありました。

「あのさ、友達からたくさんじゃがいもをもらって。家に持って行っていいかな」

　そうして5日ぶりに帰ってきた彼の、大量にじゃがいもを抱えた姿を見て、わたしは彼の気持ちを汲んだのです。「彼は仲直りがしたいのだな」と。そうすると不思議なもので、ごく自然にお互いに言いすぎたことや想いを口に出すことができ、すんなりと分かり合えたのです。喧嘩した日から引きずっていた気まずさが、一気になくなりました。後日、気持ちが落ち着き、彼が謝ってくれたとき、なぜ喧嘩になってしまったのかの真相を話してくれました。おかげでわたしも納得することができ、気持ちよく仲直りができたのです。

　あのときのじゃがいもの存在感は、偉大でしたね。

　もちろん、じゃがいもじゃなくてもいいのですよ？　駅前に売っているような、**ちょっとしたお土産でもいい。その行動そのものが「仲直りしたい」という意思表示なのですから。**

謝れない男の育て方

最近、謝れない男性が多いと思いませんか?

そんな男性と付き合っている女性のなかには、「そのうち、人間的に成熟して、謝れるようになるのでは」と希望を抱いている方もいると思います。

お相手が20代男性なら、その希望は叶う可能性も高いでしょう。社会に出たばかりのまだまだひよっこですから、荒波に揉まれて謝罪ができる大人の男性になれる伸びしろがあります。

でも、お相手が30代以降の場合。根本的に人間性に問題があり、成長は望めないかもしれません。

そもそも〝謝罪〟は、〝お礼〟と同様に礼儀の基本です。社会で生きる人間の、コミュニケーションの基本中の基本。だから、「ごめんなさい」が言えないひとは、「ありがとう」が言えないひとだと思っても大げさではありません。人生は「ありがとう」と「ごめんなさい」の繰り返しですからね。

謝れない彼に、謝ってほしいとき

だからといって、「彼は謝れない人間なのだから仕方がない」と諦める必要もありません。謝罪を引き出す方法が、ひとつ、あります。

それは、**こちらが素直になること**。謝らずに屁理屈ばかりこねる彼に対して、**「わたしはあなたに、『ごめん』と言ってほしいんだ」と、率直な心持ちで訴えかけてみましょう**。

人間としての礼儀に欠いている相手なので、それでも「はいはい、ごめんごめん。これでいいだろ？」なんて返ってくるかもしれません。難しいですよね。

それでも彼の煽《あお》りに乗らず、素直に「『ごめんなさい』がほしい」と訴えかけられるくらい、今後も付き合っていきたいお相手なら、真摯な「ごめんなさい」が引き出せるかもしれません。

とにかく難しい、謝れない男の対処法。言えるのは、「このひとは変わらない。もう無理だ」と思い始めたら、別れを考えるのがもっともシンプルなのかもしれませんね。

「いい恋愛」をしたいなら、女性も稼ぎがあるといい

いい恋愛をしたいとき、もっとも必要なことがあります。

それは、仕事を充実させること。恋愛が仕事の原動力になっていると思うひともいるでしょう？　いえいえ、仕事ありきの恋愛なのです。まず**仕事は、当然ですがお金を稼ぐことができます。この〝お金〟が、恋愛にとってなくてはならないもの。**身だしなみを整えるために。装飾品を買うために。行きたい場所にデートに行くために。大切なひとにプレゼントをするために……。そんなとき、お金がないと何もできません。学生ではなく、大人ならなおさらそう。「お金がないと恋愛ができない」と言っても過言ではないほどです。

それに、**〝稼ぎ〟があると、心に余裕が生まれます。**お金がなく余裕がないひとは、自分のことで手一杯。他人を思いやる余裕がありません。だから、恋愛関係に発展しても、相手との将来が見えづらいから、その場限りの遊びで終わってしまうことも多々あります。

さらに**心の余裕は、心身の健康に繋がる。**余裕がないゆえに心身が弱っているときは、

そのひと自身の魅力も半減してしまっていますから、恋愛しどきではないでしょう。

仕事は、自分の基盤。基盤がない状態で恋愛すると、上手くいかずにブレてしまい、相手に依存してしまいがちなのです。ね？　仕事が恋愛に及ぼす影響は、実はこんなにたくさん。女性が仕事を持ち自立することは、恋愛をするうえでとても意義のあることなのです。

もちろん、なかには「好きで仕事をしているわけではない」「仕事にやりがいを感じない」という方もたくさんいらっしゃるでしょう。それでもいいと、わたしは思います。

仕事をして、稼いだお金で、生活している。――この事実さえあれば、それだけでいい。それだけで、誇れることなのです。仕事の内容や楽しさ云々は、ここでは関係ありません。仕事に生きがいを見出しているひとのほうが少ないですしね。自分のお給料だけで生活している時点で、立派に〝自立〟しているといえます。

〝稼ぎ〟は、自分を守るひとつの術でもあります。例えば結婚後に、夫婦関係に問題が浮上して「このままこのひとと一緒にいていいのだろうか」と考えたとき、〝稼ぎ〟があれば迷わず「離婚」を選択肢に入れることができます。そうでないと、悪化した関係であっても我慢をして、結婚生活を継続しなければなりません。お金は、強力な味方なのです。

一方で、自分の基盤となる仕事が、恋愛から悪影響を受けるのも、よくあること。誰でも経験があると思います。喧嘩をしてモヤモヤして、心ここに在らず状態でミス連発だとか。彼の浮気が発覚してしまい、仕事が手につかないだとか。

こういった恋愛のトラブルを仕事に持ち込まないためには、どうすればいいのか。

わたしの場合はひとと話すのが仕事のひとつですから、信頼しているお客様に「ねえ聞いてよ。こんなことがあって、本当に腹が立ってるの！　どう思う？」なんて話して発散することができますが、そうではないひとのほうが多いですよね。

ひとつの方法として、仕事を忙しくする、という手があります。予定をたくさん入れたり、忙しくして自分で自分を奮い立たせるのです。

自分が立ち直れる〝パワースポット〟を決めておこう

忙しくしても奮い立たず、どうにも仕事にならない状態に陥ったときは、まずはそんな自分をセルフケアしてあげてください。わたしもよく、そんなことがありました。

若い頃は仕事と恋愛のバランスが取れないのですよね。彼氏と喧嘩して、上の空で仕事をしていたらお客様に怒られて八方塞がり状態。「なぜわたしばかりこんな目に遭うの？」と客席で涙を流し、まさに泣きっ面に蜂でお客様の言葉がグサグサと刺さり……。「この涙は、どうして延々と止まらないんだろう」と考えていたら、ふと思いついたのです。

「体内のあらゆる水分を出し切れば、涙も止まるのではないか？」そしてわたしが向かった先は、サウナでした。裸で、ムンとした蒸気に紛れ、ただただ泣き続けました。一生分泣いてやろうと意気込みながら。するとね、わたしの目論見は大当たり。見事に涙を枯らすことができたようで、そのうちぴたりと止まったのです。すっきりしたわたしは、足りなくなった塩分を補うべく、ラーメン屋さんへ。

「塩ラーメンください！」と、注文する頃には、さきほどまでの悲観的な心情から、通常モードに完全に切り替わっていました。

彼氏と喧嘩をした後、ランニングをするために皇居に行ったこともありました。走って心を切り替えようと思ったのですが、まあ失敗に終わりましたね……。だってね、スタート地点に立って初めて、「こんなに距離があるの!? わたしには無理じゃない!?」と気づいてしまったから……。1ｍも走らず、情けない自分にさらに落ち込みながら、すごすごとその場をあとにしたのは言うまでもありません……。

そんなふうに、ひとにはそれぞれ、自分に合った切り替え方があります。

サウナで涙を出し切る。わたしは出来ませんでしたが、ランニングして発散する。モチベーションが上がらず同僚に迷惑をかけるくらいなら、そして翌日には切り替えられるなら、思いきって休みを選択するのも、悪くはない。突然、旅行に行くのもいいでしょう。

サウナでも旅行でも、あらかじめ自分が元気になれる〝パワースポット〟を決めておき、習慣化するのが効率的かもしれませんね。「どん底に落ちたとき、ここに行けば自分は元気になる」というおまじないのような感覚で、胸に秘めておくのです。

なかには、暴飲暴食が切り替えのきっかけになるひともいるでしょう。個人的には、こういうときは自分を労わることが前提ですから、健康的な方法を選びたいと思います。

まずは自分を客観視して、「あ、はいきた、この感じ、おかえりなさい。いまわたし、どん底です」と、自分の状態を受け入れる。そして、仕事をたくさん入れて忙しくするか、もしくはセルフケアを徹底する。その後は、「今日はとことん悲劇のヒロインとして生きよう」と、悲観的な自分に没頭する。**どん底に沈めば、そのうち必ず、浮上しますから。**

さて、こうした切り替え作業にもお金が必要だと、気づいた方もいるのではないでしょうか。このときのお金の役割は、医療保険のようなもの。セルフケアが必要なときのために、日々少しずつ、蓄えておくのです。自分にかけるお金を惜しむなんてナンセンス。自分にかけたお金は、近いうちにでも、遠回りでも、どちらにしてもプラスになり返ってきます。

お金がないと、切り替え作業の選択肢が狭まり、「公園でボーっとする」くらいになってしまいます。それも悪くはないですが、わたしはやっぱり、きれいなサウナで思いっきり水分を流し、美味しい塩ラーメンで生き返りたいなぁ。

大人カップルのマンネリは、悪いことじゃない

恋人との関係が停滞し、新鮮味がなくなる――マンネリは悪いことでしょうか。わたしはそうは思いません。マンネリになれるなんて、最高じゃないですか？　わたしなんて「大恋愛の末のマンネリ」に憧れを持っているくらいですよ。

20代カップルのマンネリは別ですが、30代以降のマンネリは、悪いことではありません。ふたりの関係が〝生活のルーティーン〟になったからマンネリ化しているだけで、それは悪いことではありませんよね？

ここで改めて、マンネリの定義を振り返ってみましょう。

マンネリとは、わたしは「当たり前のように、隣に相手がいること」だと捉えています。当たり前のように会い、食事をして、お話しして、お互いがお互いの中で〝当たり前の存在〟になっている。20代ならばいろいろな場所に行きたいし経験もしたい、刺激を受けたいお年頃。そんな時期に「今日も家デートね」なんて言われたら、「わたしたちの関係、マンネリじゃない？」と不満に思うのは当然です。でも、30代以降ならそれでもいいので

はないでしょうか。前の恋愛でひと通り経験しているでしょうし、マンネリを経て初めて、相手との〝生活〟が見える、つまりは結婚を想定したお付き合いができるのです。

それでも「常にドキドキしていたい」というひとがいるならば、それはあなたが「新鮮さを最優先に求めるタイプ」なのだとして、お相手を変えるのが得策です。人間ですから、誰といても時間の経過とともに新鮮さはなくなるもの。新鮮さを求めるのなら、同じお相手では解決できないでしょう。

「最近冷めてる」原因は、冷静に探る

さて、なかには「マンネリがいいとは、どうしても思えない」というひともいるでしょう。それはもしかして、マンネリと勘違いしがちな、〝愛情の希薄化〟かもしれません。マンネリは愛情がベースにある関係性ですが、この場合、そうではないのです。

例えば、スキンシップ。交際1年目は事あるごとに肌に触れ合っていたのに、徐々にやんわりと拒否されるようになったとする。そういったパターンで考えられる原因は、「何かの問題がしこりとなっていて、愛情が希薄化しているのではないか」ということ。

実は、ホステスにはこのパターンが少なくありません。恋人の金払いが悪くなったこと

で、不思議とスキンシップを拒否してしまうのです。金払いが悪いのにもかかわらずイチャイチャしてくる男性に対して、「なんだか、触られたくない」という気持ちがふつふつと湧くのでしょう。女性のなかには、お金も彼の魅力のうちのひとつだし、彼の愛情表現のひとつだと思っているひともいます。男性は「彼女が急に冷たくなった」と疑問に思う一方で、女性は、「彼の金払いが悪い」という明確な原因があったりするのです。

そういった原因が、必ずどこかにあるはず。交際を続けていくのならば、「何が原因か」をお互いにとことん話し合う時間が必要かもしれませんね。

愛情が希薄化することでどんどん不安感が強くなり、結果的に相手に依存してしまうという、あまりよろしくない傾向もありますよね。そうなると彼の愛情はますます薄れゆき、これほど悪循環なことはありません。

愛情の希薄化を感じたら、仕事や趣味の幅を広げるのもひとつの手。すると会話の幅や物事の価値基準が広がります。いろいろな世界を知っているひとの話は面白く、会話が活き活きとして新鮮味があり、飽きないものです。愛情の希薄化の有効な打開策といえます。

ホステスの世界には、水揚げをされて仕事を辞め、いわゆる〝鳥かご女〟になるひともいます。〝鳥かご女〟になってしまうと、会話の幅もなくなるし、彼のお金にも依存してしまう。そういう元ホステスは、高い確率でホステスの世界に戻ってきます。

「美人で頭の回転が速い、魅力的なホステスを水揚げして結婚したはずなのに。いまはその面影はどこにあるんだろう」と、相手が飽きるからだと、わたしは思っています。

ほかにも、マンネリのひとつと捉えがちなのが、セックスレス問題。たいていの場合、原因があり、レスに発展します。レスで悩み始めた場合、まずは自分に原因がないかを探ることと、話し合いが欠かせません。

特に男性の場合、女性が思いもよらぬ悩みを抱えていることがあります。飲酒による影響や仕事の激務、人間関係の悪化で自律神経が乱れ、性欲が減退している……。などと、生殖機能はとてもセンシティブ。女性では計り知れない部分もあり、話し合いで初めて「それが原因なのか」と納得できるかもしれません。

また、性行為に関する根本的な不満が、積もり積もってレスに発展するパターンも。性行為中、すべて自分本位にことを進められたり、雑に扱われてきたことを、無意識にずーっと我慢していた女性が、ある日突然、「もういや！」となることは、結構あるものです。

そもそも自分の裸を見せている相手に、いまさら何を躊躇しているのですか。すでに充分にさらけ出しているのに、性行為に関する本音だけが言えないなんてナンセンスです。

愛情ベースのマンネリを目指すなら、引っかかるポイントをスルーせず、そのつど向き合っていきたいですよね。

別れるべき浮気と、許して前に進む浮気

彼の浮気が発覚したとき、わたしたちの前に現れる選択肢は、たったふたつしかありませんよね？　許して付き合い続けるのか、それとも、別れるのか。

彼も同じ選択肢ありきの行動だと知っていましたか？　わたしに許してほしいのか、それとも、別れたくて浮気をしているのか。だからまずは、聞いてみましょう。

「わたしと別れたいの？」

この問いに対して、「浮気は男の本能だから仕方ない」や「君も悪いんだよ」などと開き直るような態度で応戦する男性は、〝その程度の男〟ということで、許す価値もありません。また傷つけられる前に、いまのうちに別れることをおすすめします。

それに、彼の心がすでに浮気相手に移ってしまっている場合もあります。そうなったらもうお手上げ状態です。むしろこちらが浮気相手になっている可能性すらありますからね。

では、「ごめんなさい。別れるなんて考えられない」と、真摯に謝られたらどうしましょうか。

人間は失敗をする生き物です。最初に態度で誠意を見せてくれるなら、わたしは許します。でも、ただ許すだけじゃありませんよ。きっちり制裁を加えるに決まっているじゃないですか。……と、その前に、わたしはお付き合い初期に、必ず彼に言うセリフがあります。「浮気をしたら、罰金2千万円だからね？　女性と怪しいメールをした段階で、2百万だよ？　あと、このブランドのバッグを買ってね？　さらに写経をして、寺で修行をして、断食道場に行ってね？　約1週間、孤独と飢えを味わってくださいよ？　本気だからね？」

このくらい、カマしておきます。実際には実行しませんが、「浮気をするのなら、このくらいの覚悟を持ってね」と、冗談交じりに、でも本心であることも匂わせるのです。

実は、このセリフを言うようになる前に、浮気をされたことがあります。それ以降言うようにしているのですが、抑止力になっているのでしょうか、それから1度も浮気されたことはないと信じています。

浮気は完全犯罪で行うべきですが、詰めが甘いからバレるのです。わたしがこんなにも浮気に対して神経を研ぎ澄ませているのは、浮気がわかった瞬間、自分の心がサーっと冷めていくのが、わかってしまうから。そんなことって、虚しいじゃないですか。

以前、彼とほかのホステス女性との同伴予定が発覚したことがありました。そのときはカルティエまで腕を引っ張っていき、店員さんに「このひと、浮気したんですよ」と言い、ショーケースから指輪を出してもらいました。あたかも買う雰囲気を漂わせましたが、浮気にまでは至っていないので、実際には買わず。ちょっとした牽制ですよね。我ながら怖い女です。

わたしの場合はそういった制裁を加えつつ許しますが、みなさまはいかがでしょう。もしかして、〝彼の浮気後の3大NG行為〟をしていないですか？

3大NG行為とは――。

1．「別に怒ってないし」などと強がり、本音を言わない。

2．スマホを覗き見るなど、プライバシーを侵害する。

3．詮索し続ける。

この3つ、どれも自分のためにも、ふたりのためにも一切なりません。［1］は、女性が自分の気持ちに整理がついていないのにそんなことを言おうものなら、彼のほうは「あ、そうなんだ。じゃあいいんだ」と一段落ついてしまう。［2］はひととして最低限の礼儀を欠いていることになるし、［3］のように疑い続けては、こちらがただ疲弊してゆくだけ。

わたしだって、難しいです。許しても、発覚当時の生々しい感情が込み上げてきます。「許したのに、勘ぐってしまう」――この重く軋む感情、抱えたままでいるのは辛いですよね。そんなときわたしは少しでも楽になるべく、ライトに彼をイジって、重い感情を分散させます。例えば、彼がスマホをいじり始めると、「なに？　また浮気？　テーブルに置いておきなよ。そうしないとわたし、ブツブツ言い続けるよ～？」と、少し冗談めかして言う。そういうことを言っていると、そのうち必ず飽きがきます。そして、「わたしはなぜこの件に、こんなに執着していたのだろう」と思える日が来れば成功。

さて、浮気をされたときに自分を省みると、100％彼のせいといえるでしょうか？　きっと、そうは思えないはずです。「浮気された自分にも問題があるのではないか」と見つめ直すと――。

外見のお手入れをまったく怠っていたかもしれない。相手を思いやっていなかったかもしれない。彼の愛情にあぐらをかいて一切尽くさなかったかもしれない……。

浮気をしたほうは加害者でされたほうは被害者ですが、人間ですもの、そんなにきっちり白黒つけられるとは、わたしは思えません。**女性も、釣った魚に餌をあげないとダメなんですよね**。相手を思わなくちゃ。疲れているならマッサージしてあげたり、飲んで帰って来た日はしじみの味噌汁を用意したり、コミュニケーションとして重要な性行為だって工夫したり、ね。愛情表現は、そんなふうにちょっとしたことの積み重ねなのですから。

女性がもっとも知りたい「いつ？」は、危険ワード

年齢や彼との交際年数によって、ほとんどの女性が気になるであろう、「彼はわたしと結婚する気があるのか」という問い。付き合いが長くなればなるほど、なぜか聞きにくくなるものです。だからわたしはいつも、まだラブラブ状態の最初期に聞いてしまいます。**「わたしはあなたとの将来を見て付き合っているけど、あなたはどう？」**と。しっかりと言葉にすることは、とても大切。自分でも〝結婚〟を重要視しているなら、「彼も同じ気持ちだったらいいのに」というぼんやりした希望を漂わせるだけではなく、**きちんと言葉にして現実感を帯びさせましょう**。

もしくは、出会った段階で「わたしはいま30代だし、次に付き合う人は結婚前提じゃないと無理なんです」などと口に出し、遊びでは付き合えないことを明確にしておきます。そうすると、まったく結婚の意思がない男性は寄りつきませんから、いらぬ不安に駆られることや、無駄な時間を割かれることを、最初から排除できるはずです。

言葉にすることは大切ですが、彼に投げかけるのは、どんな言葉でもいいわけではありません。結婚意思の上手な探り方があるのです。

まずポイントは、「こちらの結婚意思だけを伝える」こと。

相手の胸の内を探る前に、自己開示をしなければ始まりません。まずこちらから「わたしはあなたと結婚したい」という意思を伝えないと、相手もスタートラインに立ってくれませんから。わたしなら、こんなふうに伝えてみます。

「ねえねえ。『パカッ』ってしてほしいなー」と、婚約指輪の箱を開くジェスチャーつきで可愛らしく伝える程度ならば、言いやすいのではないでしょうか。

または、具体的なリアリティある言葉で伝えると、地頭のいい男性なら真剣に聞いてくれるかもしれません。

「わたしは子どもがほしいけど、女性は出産にタイムリミットがあるんだよ。だから、わたしもそれまでには結婚したい」と、悠長にしていられない現実的な事実を伝えるのも、ひとつの手です。

結婚の意思は彼の態度に現れる

一方で、もっとも言ってはならないＮＧワードがあります。

「いつ結婚してくれるの？」

この「いつ？」と期限付きで迫られるのは、とても厄介。**まず自分の意思を開示し、相手の意思を聞くことが先決です**。期限を聞きたいのならば、そういった意思確認を経て、日々の生活の中で、彼の態度に結婚の意思が滲んでいるのが見えたあとではないでしょうか。

結婚意思が滲んだ態度――親に会わせてくれたり、実家に連れていってくれたり。何気ない会話のなかで、「将来はこうしようよ」と彼の脳裏でふたりの未来像が描けていたり、新築マンションの前を通ったら、「ふたりで住むなら、こういうところがいいね」などと具体的な生活の話を振ってくれたり。そういった態度が見えて初めて、「いつ結婚する？」のワードが解禁となるのです。

でも……辛辣なことを言いますね？「女性からガンガン行く」ことを前提にお話ししましたが、**男性は手放したくない女性ならば、すぐにプロポーズをするものです**。わたしのように出会った当初から意思を明確にするタイプの女性ならば、「ねえどうなの？結婚するの？しないの？」と焦れる手間は省けるのではないでしょうか。

なれるものなら、「ずっと大切にされる女性」

恋人からずっと愛され、大切にされたい。——誰もが願う、尊い想い。でも、そう願っていても、なぜか大切にされない女性がいます。

彼女たちの共通点は、前章でもお話ししたような、チャラい女性。教養がなく、深みがない女性。そして、これまで傷つけられてきたことを誰彼構わず明かしてしまう女性。例えば、加害男性が悪いのは当然として、「元彼にDVをされていて、でも離れられなかったの」などと所構わず話してしまったとする。それを聞いた男性のなかには、「この子はもう傷がついているから、乱暴に扱って大丈夫なんだ」という、とんでもない発想に至るようなひともいるのです。

汚れひとつないシルクのハンカチは、汚れないように丁寧に扱いたいけれど、ボロ雑巾はボロ雑巾として扱いますよね？　酷い話ですが、それと同じなのです。

大切にされる女性が、日頃から口に出していること

では一方で、大切にしたいと思う女性とは？

まずはシンプルに、自分のことを愛している女性。自愛の念があるからこそ、ひとから愛されるのです。

自分自身を愛して大切にしているひとは、ひとからバカにされたときに、「わたしのことを舐めてるの？」と物申すことができるはず。「親から愛情たっぷりに愛されてきたわたしに、どうしてこんなことが言えるの？」と、自信たっぷりに思えるのは、とてもすてきなことです。前述のような「乱暴に扱って大丈夫」などと考えるような男性は、一切近寄ることができないでしょう。

また、恋人に対しておおらかでポジティブで、優しい。いつも寄り添ってくれ、否定せずに応援してくれ、岐路に立たされているときに後ろからそっと背中を押してくれるような、そんな女性を大切にしない男性はいないと言っても過言ではありません。

そして、自分だって大切なひとに美味しいものを食べてもらいたいし、綺麗な景色を見せてあげたいと思うでしょう？　**そうやって相手を大切に思いながら行動すると、相手か**

らも「あなたを大切にしたい」という想いが必ず返ってくるものです。

大切に思われているがゆえ、相手が〝与えてくれる〟状態が続く女性もいますよね。彼女たちは何をしているのかというと、前述のように相手を大切に思い、行動したうえで、日頃から「わたしがされて嬉しいこと、好きなこと」を口に出しているのです。「あなたと一緒にすてきな景色が見たいな」など、あくまでも要求しすぎないレベルで。

「あれがしたい、これがしたい。あれもこれもほしい」などの極端な要求は、単なるわがまま。それにね、あなたは叶えられるのですか？　自分ができもしないことを相手に要求するなんて、あなたは何様なの？　……なんて思われてしまう行為ですから、加減にお気をつけて。

そんなふうに、愛され、大切にされていると、相手からの愛情が目に見えて降り注ぐもの。与えられ続けていると、いつしかそれが当たり前になり、期待しすぎてしまうのは、危険な傾向です。期待通りにいかないと不満が募り、そこにしこりが生まれかねません。そうなってしまうと、それまでの愛され、大切にされるための言動が台無しに。

そうならないために、まずは自立しましょう。自立していれば過度な要求や期待は減少し、フラットな気持ちでお互いを大切にし合えるのです。

3章

選ばれ続ける女の仕事論

～NO．1を貫くために、わたしがしてきたこと～

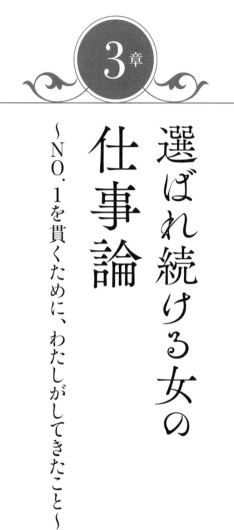

群れるのが苦手だった学生時代

ホステスのような接客の仕事をしていると、生まれながらに明るくて人懐っこい性格なのではと思われがちですが、子どもの頃のわたしはまったくそうではありませんでした。

「いつもひとりでいます。みんなで遊びましょう」――小学生の頃、通知表に先生からこんなことを書かれたことがあります。一匹狼……と言えば格好がつきますが、仲の良い友人がひとりいるだけの、寡黙な子どもでした。

「なぜ、〝みんなで仲良く〟しないといけないの？　好きな子とだけ遊びたいのに」

頭の中は常にそんな疑いで満ちていました。

女の子特有の〝グループ〟には、入ったことがありません。こんなことを考えているのですから、そりゃあ話は合いませんよね。でも、寂しさはまったくありませんでした。

歴史の教科書を読んでも、

「こんなふうに書いてあるけど、この人物は、本当にこんな野望を抱いて戦っていたの？実は戦いたくなかったかもしれない」

ビーカーを使用した理科の実験中には、

「この世界は、誰かが操り人形のように実験するために作ったものではないの？」

厳格な親にも、「なぜ親はわたしに、こんなにも『勉強をしろ』と刷り込んでくるの？」と常に懐疑の目を向けていました。おかげで、親の意に反してわたしは勉強ができたためしがなく、通知表は常にオール2。

一方で授業中は、脳内で激しく展開される妄想が騒がしくなると、おとなしく座っていることができず教室を飛び出してトイレに行き、冷静になるまでボーっとすることも。

周囲のわたしを見る目は、「変わっている子ども」それに尽きます。

高校受験のピンチを直談判で乗り越えた奇跡

中学校に進学すると、突然、受刑者並みに厳しい生活が強いられるように。スカート丈や言動についていつも怒られていたわたしは、ここで決定的に、〝大人〟というものがわかった気がしたのです。

「『教師は偉い』と刷り込まれてきたけど、ああ、このひとたちは、偉くはないんだな。感情で怒ってくるし、尊敬しなくていいのだな」

同時に、みんなが内申書の存在に怯えて自由を奪われ、「これが社会の縮図なのだ」と気づきました。親からの「進学校に行ってほしい」という圧力に潰されないよう、「いやいや、あなたの娘の成績表をよく見てよ。オール2だよ?」と、冷静な自分を保つ毎日。そんな日々のなか、わたしは自分の手でチャンスを掴みにいったのです。

担任の先生からは「無理でしょう」と言われていた、とある進学校の入学説明会に参加したときのこと。説明会ではその高校の先生との個人面談が行われていました。

「次のひと、どうぞ。何か質問はありますか?」

正直、わたしはその学校に思い入れがなく、質問なんて思い浮かびませんでした。ですが、親の「進学校に入ってほしい」という圧が激しく、わたしはこの高校に入る以外の選択肢は持ち合わせていなかった。だからこそ、聞きたいことはひとつだけだったのです。

「わたしはこの高校に、どうしても入りたいのです。どうすれば入ることができますか?」

思い切って直談判すると、先生から「何か自己PRはありますか?」と問われ、わたしは所属していた部活である「剣道が得意である」と答えました。余談ですが、剣道部は辛かった。顧問の先生はいまでこそ人格者だとわかりますが、当時は鬼のように厳しく、いつも逃げたい、辞めたいと考えていました。ですが恐ろしくて「辞める」の一言が言えず、結局3年間所属。土日を返上しての掛かり稽古は、人生で一番辛かった時間と言っても過言ではないほど。そんな厳しい練習を続け、気づいたら賞を取れるほど強くなっていたため、わたしは自己PRとして迷わず「剣道」と答えることができたのだと思います。

そして、なんとこれだけで、わたしはスポーツ推薦として、この高校に入学できたのです。

後から知ったことですが、このとき面接してくれた先生がたまたま、のちに校長になるほどの実力者だったことが幸運だったのでしょう。

また、この直談判が効果的だったようです。

「『入りたい』と自らアピールしてくれる学生なんて、ほかにはいませんよ。だから嬉しかったですね」

のちに先生に、そう言われたことをはっきりと覚えています。

きっとこのとき、いまのわたしの原型が生まれたのでしょう。素直な本心を言葉にして相手に伝え、チャンスを摑みにいく姿勢が。

アメリカ留学で鍛えられた「自分の意見を言う習慣」

無事、進学校に入ることができたのはよかったのですが、なにせ勉強ができないわたし。赤点講座の常連になり、勉強は早々に諦めました。だから当然、行ける大学もない――。

高校3年生、進路について悩むなかで、当時わたしが最優先に考えていたのは、「早く自立したい」でした。昔から、完璧主義の親とそうではないわたしは相性が合わず、家にいるのが窮屈に思うときもあった。小学生の頃から、「早く大人になって家を出たい」と願っていました。

そこで、思いついたのです。「アメリカなら、いまの成績に関係なく行ける大学があるだろうし、家から離れられる」と。それに、英語が喋れるようになれば一石二鳥ではないですか。そう決めたので、留学生でも卒業しやすいアメリカの大学を担任の先生に探してもらい、親の了承を得て辿り着いた大学は、アメリカの田舎中の田舎、ミシガン州とオハイオ州の境界にあったのでした。

肝心の英語力は……この時点で、ゼロ。大げさではなく、ほとんど喋れない状態です。第一関門は、携帯電話を契約することでした。同じ寮生の、同じく英語が喋れない韓国人女性と一緒に、寮から1時間かかる携帯電話ショップに行くのですが、

「How old are you?」

ネイティブが発音するこの程度ですら聞き取れないレベルなのです。さらに、日本の常識とは180度違う「はっきり言わないと察しない」というアメリカの常識も痛感。

「力をつけて、自分ひとりの力で生きていくしかない」――早々に悟ったわたしは、まずはアメリカの田舎には欠かせない車の免許を取得。英語力もなく勉強もできないわたしが、なぜ試験を通過して取得できたのかというと……。

ここだけの話ですが、何年も解答が変わっておらず、地元民はみんな答えを知り、わたしに教えてくれるほど簡単だったからなのです。歩行者も自転車も走っておらず、だだっ広くて事故の可能性が低いアメリカの田舎ならではのゆるさがあったのかもしれません。

ともあれ、様々なカルチャーショックにぶつかりつつも刺激を享受し、新たにできた友人たちと遊び呆けていた、19歳当時、わたしは大学入学前に語学学校に通っていました。

親からの抑圧もなく、彼氏もできて、人生バラ色状態。語学学校に籍は置いているものの、ほとんど勉強をしていませんでした。

ある日、あまりにも不真面目なわたしを見かねた女性教師が、こう言い捨てました。

「あなたはわたしのクラスを取る必要はない。不真面目な生徒はいらない」

まっすぐわたしを見据え、厳しい口調で突き放す彼女。いつも口うるさくて苦手だと思っていた彼女からの最後の通告が、ただただ、悔しかった。だから彼氏に愚痴を言うつもりで話すと、「それは先生からの警告だよ。感謝しなきゃいけないね」と言うのです。

翌朝、ベッドから起きるとともに心を入れ替えたわたしは、学校で彼女に会うと、誠意を込めて謝りました。

「先生からいままで指摘されてきたことを、理解できていなかった。でもやっと、理解できました。ごめんなさい」

すると彼女は、昨日の冷めた表情から一転し、柔らかい口調でこう明かしてくれたのです。

「わたしも留学生だったから、あなたの気持ちもわかる。でもね、親から援助してもらっているのなら、頑張りましょう」

これまで「うるさい先生!」と嫌っていたわたしは、なんとわがままで幼稚だったことか。先生の一言を機に、夏休みも返上して授業を取るなどして、人生で初めてきちんと勉強をするようになったのです。

そのおかげで、無事に大学生活3年間でB・Aの学位を取得し、1年間の労働ビザを手にデトロイトの通訳会社に就職。翌年にビザ更新をすると、ふつふつと湧き上がる好奇心を、わたしは抑えることができませんでした。

「都会で働いてみたい」――アメリカの田舎での生活は、牧歌的で周囲の人間も親切で、何不自由なく暮らしていけました。でも、若いわたしの欲求は、大きくなるばかり。

2001年9月11日、アメリカ同時多発テロが起きたことで外国人の労働ビザの更新が困難になったことと、お金も必要だったこともあり、一時的に日本に帰国し、「日本でお金を貯めて、もう一度、ニューヨークやLAに来よう」と誓ったのです。

アメリカに戻る資金を作るためホステスの道へ

もう一度、お金を貯めたらアメリカに戻ろうと思っていたのに。

帰国後、東京・新宿で社長秘書の仕事に就いたわたしは、給料明細を見て愕然としました。

「手取り17万円……。生活をするだけでほとんどなくなってしまう。ファッション誌に載っているような服やバッグは当然買えないし、貯金もできやしない。このお給料で、一体いつアメリカに行けるの？」

仕事になんの楽しさも見出せず、ただただロボットのように業務をこなす日々が、ますます鬱々と積み重なっていくのです。社長宛の手紙を整理中、高級クラブから来たＤＭを見て、「この子たち、わたしと年が変わらないだろうに、きっと稼ぐ額は一桁違うのだろうなぁ」と、小さくため息をついてみたり。まったく遊んでいないにもかかわらず、一向に貯まらない預金通帳を険しい表情で見つめてみたり……。

そんなある日のこと。

「お姉さん、夜の仕事に興味ない？」という、普段は声をかけられても無視をしている新宿のスカウトマンのセリフに、なぜか足を止めてしまいました。

「どんな仕事?」

「セクシーなお店もあるけど、普通のキャバクラやクラブも紹介できるよ。時給はこのくらい出せるから」

「わたし、稼ぎたいんですよ。セクシー系以外で」

「じゃあ赤羽がいいね」などとこちらの質問にテキパキ返答する彼に、このとき「託してみよう」と思いました。そして、やると決めたわたしの行動は早かった。仕事休みの土曜日と日曜日のみ、365日24時間営業の赤羽のキャバクラで働くことになりました。

入店初日、アルバイト感覚でカジュアルに働く〝普通の女の子たち〟を見て、確信しました。「これはイケる」と。そうして、他店の売れっ子キャバ嬢の友人に「どうすればいいか」と教えを請うと、「連絡だけはマメにとったほうがいい」とのアドバイス。さらに店の黒服からも、マニュアル化されたキャバクラのしきたりなどを教えられ、日々こなしているとあっという間に本業の1ヶ月の給料を越えてしまったのです。そうなってしまったら、仕事を辞めない選択肢はありませんでした。

キャバクラを本業にすると、文字通り、休みなく毎日のように出勤しては接客しました。

「ひとの何倍も働けば、それだけチャンスがあるはずだ。売れっ子に追いつきたいなら、出勤時間を長くするしかない」という確信を胸に、毎日、オープンの20時からラストの朝5時まで、働き詰め。毎日店にいるため店外デートをする隙もなく、夕食代も浮き、さらにアフターに行かないため不快な口説きもない。わたしにとって、いいことだらけでした。

初出勤から2ヶ月後。給料明細を見ると、100万円超。気がつくと、あっという間にNO．1の座に君臨していました。

もちろん、傷つくこともありました。キャバクラは高級クラブと違い、指名替えが自由。そのために、誰かのお客様がひとり去り、わたしに鞍替えすることはつまり、誰かのお給料の減少を意味します。すると――。

「ひとの客を横取りしてるんじゃねえよ！」

店のキャバ嬢数人に取り囲まれ、暴言の嵐。輪の中で、わたしは無言で耐えるしかありません。味方は、暴言が積もり積もって泣きながら相談すると、築地の寿司屋に連れていってくれた担当黒服のみ。辛い日々でした。でもわたしには、「アメリカに戻るために、稼ぎたい」という確固たる目標があった。だからこそ手をゆるめず、「稼ぎたい」一心で、日々営業メールを送り、お客様が望むカジュアルな色恋を演じることができたのだと思います。

いつの間にかわたしは、若さゆえの体力と根性を武器に、赤羽で〝揺るぎないNO．1キャバ嬢〟になっていたのです。

キャバクラから高級クラブへ。レベルの違いに愕然

わたしが社長秘書から赤羽のキャバ嬢に転身したのは、アメリカへの渡航資金を稼ぐためだったはず。いつしかその想いはぼんやり霞み、新たな目標が生まれていました。

「一流の世界を見てみたい」――赤羽のキャバクラで荒稼ぎした半年後、23歳のわたしは、例のスカウトマンに相談しました。

「次は高級クラブで働いてみたい」と。夜の女として、順調なステップアップと言えましょう。わたしは赤羽を去り、六本木の老舗高級クラブに足を踏み入れることになりました。すぐにホステスとしての洗礼を浴び、身がちぎられるような思いをするとは知らずに……。

まず驚いたのが、ホステスのお姉さんたちの圧倒的な美しさ。その場にいるだけで、荒廃地が一瞬にして繁茂するほどの、豊かで華のあるオーラ。お客様との会話もまるで未知の言語のようで、わたしがこれまでいた世界とはレベルが違う。テーブルにつくたびに、緊張で身が縮まるばかり。高級クラブの雰囲気に呑まれ、置物化するしかありませんでした。

「なぜここに来てしまったのだろう。赤羽に帰りたい。辞めたい……」

新人がそうくじけても、誰かが手を差し伸べてくれるほど甘くはありません。いつまで経ってもまともな接客ができず、できないなりにやるべきことを探した結果、店に早く来て黒服と一緒におしぼりを巻く日々。わたしはなかば投げやりになっていました。当日欠勤は当たり前、同伴中に酒に飲まれ、無断欠勤したこともありました。

ただただ、問題児でした。わたし自身でさえ、いまだかつてそんなホステスは見たことありません。でも、怒られたことはなかった。怒る価値もなく、呆れられていたのでしょう。「そのうちすぐに〝飛ぶ〟だろうから、気にかけるほどでもない」と。

わたしを化けさせた、天才ママとの出会い

そして、入店3ヶ月後。

「ちょっと環境を変えてみたら？　ほかの店を紹介するよ？」

店の社長に、そう声をかけられました。これは事実上のクビだと、仕事ができないなりにすぐに察することができました。

「わたし、何もできないまま、クビになるんだ……」

厳しい現実を突きつけられ、更衣室で涙を流すことしかできなかった、そのとき。

「あなた、どうして泣いているの？」

突然声をかけられ、振り向くと、そこにはこれまで言葉を交わしたことすらなかった店の次期ママが立っていました。いままで接していたお姉さんたちとは段違いの、際立った美しさ、存在感。本来ならばうっとりと見惚れてしまいそうになりますが、このときのわたしは、それどころではありませんでした。

「クビになりそうなんです。でも、辞めたくありません」

涙で崩れた顔のまま、わたしはママに感情を垂れ流しました。するとママは、そんなわたしを慰めるでもなく、頭の先から爪先まで、品定めするように視線を這わせます。

「あなた、胸が大きくて脚が太いわね。胸と脚なら、胸のほうが売り物になりそう。わかった。**胸の形と谷間が綺麗に見えるロングドレスを買ってきなさい。今すぐに**」

ママは矢継ぎ早にそう言うと、わたしに1万円札を数十枚握らせました。

「○○で買えば安いから、まとめ買いできるはず。良い物よりも、自分の体型に合うドレスだけを買ってきてね。そうしたら、必ずわたしが、1日1本あなたに指名を入れてあげるから。わたし、来月からママになるの。不安だから、あなたにも助けてほしいのよ」

かっこよく、品があって、腰が低くて素直で、誰にも真似できないこの佇まい——。

この日からわたしは、また新たな目標を設定しました。

「ママのために頑張ろう。わたしはママについていくんだ」

翌日、すぐにドレスを刷新すると、社長に頭を下げにいきました。

「いままで仕事を舐めていました。ごめんなさい。今後、日給はゼロにしていただいて構いません。その代わり、出来高払いにしてください」

その日から、怒涛の勤務が始まりました。まずママは、営業の仕方を見せてくれました。

「いちばん最初にもらった名刺まで遡り見返して、連絡するの。わたしだって、毎日お客様を呼ぶのに必死なのだから」

わたしはすぐに真似をしました。すると、これまで取れなかった指名が、みるみる取れるようになってゆくのです。以来、こうした営業を「面倒くさい」と捉えないようになりました。また、お客様の性格なども逐一アドバイスしてくれ、接し方などを覚えていけるようになりました。聞いては、覚え、コツコツと実践し、本当に地道な作業の繰り返し。

そして、ママがよく言っていた、

「自分がよければそれでいい、じゃないの。店全体を見なさい」

という言葉の意味も理解できるようになっていた、ある日。

〈NO.1　南々子〉

店の更衣室に貼られたランキング表で、ついにわたしの名前がトップに躍り出たのです。更衣室で泣き、ママに声をかけられたあの日から、半年後のことでした。歓喜もつかの間、お客様に、「単発で1位になるのは難しくないよ。継続して1位でい続けることが、真のNO．1だよ」と言われたことで、さらに奮起。この日を境に、六本木でNO．1以下に落ちる月は訪れず、それは引退日まで続くことになるのです。

わたしがNO．1をキープし続けられたことの要因をあげるならば、「希望を口に出していた」ことでしょうか。

「わたし、この店のNO．1になりたくて必死なんです。だから協力してほしいんです」と、お客様に口癖のように言い続けたことが、実はわたしの武器のひとつだったよう。ほかのホステスは気恥ずかしさからか、そんなことを口に出すひとは誰ひとりおらず、味方になってくれたお客様から後に「あの協力要請は新鮮だった」と言われたものです。だからこそ、**自分の希望は口に出したほうがいいと、実感します。**なかには来店時に「今日は南々子を1番にするために来た」とまで言ってくれるお客様もいました。

2年後にはピロポの系列店でもある「キンコンカ」に移りましたが、即日トップに。同伴数、指名数、売り上げ、入店から引退までずっとこの3部門で1位を獲るという前代未聞の冠がついたこともあり、「六本木の南々子」は界隈では名の知れた存在になっていました。あのママから、「わたしは仕事ができない子が好きだから声をかけたのに。こんなモンスターを作り上げてしまうなんて」と言われたことは、今でも覚えています。

「この世界でこのまま、テッペンが見てみたい」

アメリカは旅行でも行ける。とにかく稼げるところまで、稼いでみたい――。アメリカ渡航の目標は完全に消え、新たな夢ができていました。

ところが――。NO.1になってからは、3週間お店を休んでも1週間で挽回できるくらい、わたしにスランプは訪れず、破竹の勢いで稼ぎました。ただ、毎日毎日片時も離れない恐怖心に、苛まれるようになったのです。

「今月はNO.1だった。でも、翌月は誰も来なくなるかもしれない」

恐怖心に背中を押されるように、お店にいる間は一瞬たりとも気を抜かず、NO.1の座にあぐらをかくことはしませんでした。いや、できなかった。休日も心身は休まらず、常に緊張感で張り詰めていました。

押し寄せるプレッシャーにとどめを刺されないよう、とにかく踏ん張るしかない。自分では知らぬ間に、異常なストレス負荷がかかっていたことに気がついたのは、28歳で一度ホステスの世界を引退してからでした。

再び夜の世界へ返り咲いた理由

夜8時半。

「あ！　営業が始まる！　お客様を呼ばないと。今日はあのひとを呼んで、それから……」

ハッとして頭を落ち着かせると、やっと気づくのです。ああそうだ、わたしはもう、ホステスを引退したのだった、と。もはや血肉と化したホステスの習慣と、そして緊張感、恐怖心は、毎晩のようにわたしの動悸を激しくしました。

あれだけ「テッペンを見る」と意気込んでいたわたしが引退した理由は、「元々30歳までに辞めようと思っていたから」と、「やりきったと思った」から。夜に焦燥感に駆られる以外は、〝夜の世界〟と〝普通の世界〟のギャップに悩むことなく、毎日を貯金で、のんびり暮らしていました。

そのうち英会話講師のアルバイトも開始し、〝普通〟を満喫。

「わたし、〝普通の仕事〟もできるんじゃない。なんだか嬉しいな」と、前向きに働いていたのです、が。

みなさまおそらく、ドラマやマンガの影響で「夜の世界の、女の戦いは怖い」という先入観があるかと思います。でも、元住人のわたしはここで、ホステスの世界と遜色のない怖ろしき人間模様を、身をもって体験したのです。

ここまで悪意を表出してしまうひとがいるのだと、実感しました。いわゆる、パワハラです。相手はアルバイトの先輩。わたしも真正面から受けました。

立場の同じアルバイトなのに、マウントを取ったり仕事を押し付ける。

自分の意に反することを強要される。

反論すれば怒鳴られるし、黙っていると「なぜ何も言わないのか」と怒鳴られる。

休日に着信履歴が埋まる……。

ひとり、またひとりと辞めていくなかで、「なんて理不尽なんだろう。これがパワハラか」と気づくと、わたしはパワハラ行為の記録に取り掛かり、彼女からのメールも保存。本人に苦言を呈するとともに、なんとしても解決したかったので本社に連絡をしました。「ひとりからパワハラを受け、どんどんアルバイトが辞めています。気づいていますか？　みなさん参っているんです」と。

わたしがもっとも理不尽さを覚えたのは、「コスパが悪い」ことでした。

だって、ここは時給830円。ホステスは複雑な人間関係込みで高給ですが、830円でこんな目に遭うとは……。パワハラ以外は楽しく、いまでも当時の生徒や保護者の方とお付き合いがあるほど仲良くさせてもらっていたとはいえ、パワハラだけはどうしても納得ができなかったのです。

そういったことや、新鮮味がなくなったこと、そして貯金が心もとなくなってきたことも含め、33歳のとき、一度は引退したホステスの世界にゆっくりと戻り始めていました。お店は六本木「キンコンカ」の系列店で老舗高級クラブ「ピロポ」。出勤するのは週1回で、「稼ぎたい！」「NO．1を獲りたい！」といったあの頃の野心は、空っぽでした。

昼間はパワハラを受けつつも英会話講師のアルバイト。夜は週に1度だけ銀座のホステスをして、大きな公園を昼下がりに散歩しているような、ゆっくりと歩む毎日。久しぶりに女友達と旅行に行くこともできました。

その日わたしは、広島県の原爆ドームに初めて訪れました。広島平和記念資料館で、ガイドさんから当時の話を詳細に聞きます。

「広島のひとは、原爆を落とされて3日後には、路面電車を走らせていたんですよ」

そんな話を聞いた瞬間、いっきに感情が込み上げ、抑えきれなくなったのです。

わたしはこんなに健康な体があり、働ける能力もあるのに、自分にブレーキをかけて何

をやっているのだろう。仕事にのめり込み、かかるプレッシャーから逃れたいだけではないか。働くことは最大の社会貢献なのに……。わたしは、なんて情けないのだろう。

おそらく無意識に、胸の内で「いまの自分は、本当にこれでいいのか」と問いかけ続けていたものが、原爆の話をきっかけに堰《せき》を切ってしまったのでしょう。

同時に、ピロポの会長から言われたこんな言葉も思い出したのです。

「南々子が英会話教室のアルバイトをしているなんて、野球選手のイチローが草野球をしているのと同じだよ。こんなにもったいないことはないよ」

そんなありがたい言葉をかけてくれるひとがいて、健康な体があって、ホステスとしての能力があって……。

よし、やろう。またホステスとしての人生を、始めてみよう。ただし、あくまで健康的に。

5年ぶりに本格的に夜の世界に戻ることを決めたわたしは、まずは自分と向き合い、年齢やいまの体力に見合った〝働き方改革〟を行いました。

アメリカ渡航、稼ぐことの楽しさ、NO．1を獲り続けたいという野心――そのつど変化したわたしの目標、今度はいままでもっとも堅実でした。

ストレスを溜めないよう、長く働き続けること。健康でいること。無理に毎日出勤せず、自分が楽しいと思うときに出勤すること。

〝色〟を売るスタイルから、〝人間性〟を売るスタイルへ

意識の変化と比例して、接客も変化。六本木時代の〝色〟を売るスタイルから、〝人間性〟を売るスタイルになりました。年齢や立場的に、人間性を武器にしないとお客様を楽しませることができないと悟ったからです。

例えば、それぞれの恋愛話を相談し合ったり、家族について相談したり、将来のビジネスの話や、パーソナルな話ができるようになったのは、〝人間性〟での接客の副産物です。表面では「好き」と言っていても、心の奥底では信頼関係を築くのが難しい〝色〟とは違って、ね。

若い頃のようなたぎる野心はないものの、肩の力を抜きつつ毎日のコツコツとした積み重ねで、ランキングは徐々に上がり、ここ2年間はNO．1だったりそうでない月もあったりと、六本木時代と比してゆるやか。NO．1にこだわりはなく、慎重に丁寧に仕事をして、自分で納得のいく働きぶりだったら「よし、今月の自分もよくやった」と、自分を労うことも忘れません。

また、以前と違い、そのつどの売り上げ金額が気にならなくなりました。ほとんどのホ

ステスは勤務中に「今いくら売り上げていて、あとどれほど売るべきか」を気にしがちですが、わたしは結果を聞くだけ。

ほかにも、ホステスになって以来、最大の変化がありました。

それは、ホステスとして誇りを持って生きていこうと、思えたこと。

いままで、頭の片隅で「いくら稼げても、ずっと続けられる仕事ではないし」とネガティブなしこりができ、〝ホステス・南々子〟を認めていない自分もいたのです。でもいまは、ずっと働くことができそうな〝働き方〟を見つけ、定着させることができた。心の余裕も生まれ、落ち着き、「いまが一番楽しい！」と、お腹から声を出したい気分です。

傷つき、汗をかき、がむしゃらに突っ走ったわたしがいて、いまのわたしが生きていける。現在のわたしは、「いまも現役よ！」とは言うものの、〝六本木の南々子〟を超えることが難しいのは百も承知。彼女が作ってくれた〝年金〟に助けられている……という感覚です。だから安心して、少し甘えることもできているのかもしれませんね。

新人時代は「断る」カードを切る立場ではない

辞めやすい新人のときこそ、ストレスの溜まらない合理的な働き方が理想とされている昨今の風潮ですが、わたしは新人時代、イヤなこともあますことなく引き受けていました。もちろん思うのですよ？　「イヤだなぁ、今回のこの仕事……」と。でもそれは、自らに制限をかけている食わず嫌い。新人ですから、イヤかイイかなんて、本来は判断がつきませんよね。だからとりあえず、やるしかない。その結果、案外、「なあんだ、やってみたら平気じゃない」と思うことのほうが多いものです。

断るという選択肢を取ってもいいけれど、その分チャンスが減ってしまいます。だからわたしは、チャンスを減らすくらいならと、「とりあえず、やってみよう」というマインドで仕事をしてきたのです。

そもそもね、経験も積んでいないうちの新人は、やりたくない仕事に対して「断る」という技が使えるレベルに達していません。遠慮のない辛辣な言葉を使うと、「あなた、何様？」ですよ。**「この仕事はできませんが、これならできます」と代替え案を提示することができて初めて、「断る」が使えるレベル**だと、わたしは思います。

洗礼ばかりの新人ホステス時代、それはそれは、イヤなことはたくさんありました。

特にイヤだったのは、1対1でのアフター。経験の浅い新人で、口説きを上手にかわすテクニックが、まだ身についていなかったのです。

もっとも辛いのは、自宅や宿泊するホテルの部屋に連れ込まれそうになることです。

こういった男性は策略を練るのでしょうね。アフター後、タクシーに同乗した際、わたしのバッグを持って降りてしまうので、追いかけざるを得ず、自宅部屋に行くはめになってしまったことがありました。仕方なく部屋にあがり、ベッドルームにも同行したわたし。「酔っ払っているんだから、ほら、休んで休んで」と彼に寝るようベッドの中に促し、彼の体をトントンと叩いて寝かしつけをして帰り、事なきを得ました。拒絶して相手のプライドを傷つけることを避けるための、苦肉の策ですね。

強引な口説きには、〝言葉の武器〟で対抗

また、運転手付きの車に乗っていた会社社長の男性は、巧妙でした。彼が車から先に降

り、宿泊先のホテルにひとりで入って行ったあと。運転手さんから、「社長の荷物を持って行ってもらえますか」と頼まれ、運転手さんも一緒に行くとばかり思い、車を出て彼の荷物を持っていると、いつの間にか車ごと運転手さんが消えているのです。

グルだ、ハメられた……。

彼の荷物を届けないことには、どうしようもない状況を作られてしまったのです。悔しい思いをしましたね。仕方なく荷物を抱え、部屋に行くしかありません。まずわたしがすべきことは、はっきりと「そういうつもりでアフターに来ていない」と伝えることでした。でも彼は、ひるまない。

「じゃあなぜ部屋まで来たの?」

「荷物を持ってきただけです」

はっきりきっぱり言わないと、やっつけられてしまいます。新人の頃、このやりとりが心底苦手でした。

本当は腕力で対抗できたらいいのですが、のちに〝言葉の武器〟という能力を身につけたわたしは、こんなセリフで撃退する技を覚えたのです。

「もう! わたしたちがそういう関係になるのって、いまじゃないでしょ? こんなシチュエーションであなたとそういう関係になるなんて、イヤだよ」

周囲に味方は誰もおらず、自分の身を守れるのは自分だけ。相手を怒らせたら、事態は確実に悪化するし、犯罪に巻き込まれる可能性もある……。

そういった状況になったとき、相手を怒らせず何事もなく帰ることができるセリフが身についたのは、新人時代のわたしが「イヤだ」と断らずにアフターに行き続け、経験を積んだお陰にほかなりません。

ちなみに、実際に口説きの攻防戦が暴力行為に発展した男性もいました。わたしはその男性にとあるホテルの最上階のバー出入り口に流れる川の中に、突き落とされたのです。イヤな仕事は、本当に理不尽なことが降りかかりますよね。

そうやって1回1回イヤなことを経験すると、「このひとは危険だ」「これは危険なことが起こる展開だ」と察知でき、あらかじめ危機管理ができるようになってゆく。これは、経験を積まなければ一生わからないことなのです。おかげで今では、アフターに行くお客様を選ぶことができるようになりました。不愉快な思いをしたくありませんから、信頼しているお客様以外は「アフターには行けない」と、最初からお断りをしています。

ほかにも、自分が許容できる酒量も、イヤがらずに飲まないと一生わからなかったことでした。新人時代は、自分がどれほど飲めるのかわからないし、しかもいままで飲んだこともない高級なお酒だし、口をつけてみるまでわかりません。イッキ飲みして倒れてやっと、「わたしはここまで飲むと潰れちゃうのだな……」と記憶に刻まれるのです。

お酒を飲んで潰れてしまうのは、新人ホステスにはよくある失敗のひとつですが、ほかにも、接客中にお客様を怒らせてしまうのも、よくあること。

当時、経験の浅いわたしは、お客様がなぜ怒ったのかすら、わからないほどの未熟者。「このお客様、なぜ怒っているの？　大人の考えていることはわからないなあ……」と、さっぱり見当がつかない。挽回しようにも原因がわからないからできず、結局ママがその場を収めてくれ、事なきを得ました。でも、理解できないことも、怒らせてしまうことも、当然です。だって、経験の浅い新人だもの。

新人は、イヤな仕事をして、失敗する——。

それは、自然の摂理のように当たり前のこと。いつの世もどんな仕事も誰だって、**「失敗は成功のもと」というシンプルな言葉に尽きるのです**。

日々のルーティーンはムラなく、くまなく

〝銀座のホステス〟というと、ドラマやマンガの影響からか「ドラマティックなことが起こりがち」と思われるかもしれませんが、業務の大半はルーティーンです。

まず、わたしの1日のルーティーンワークをお伝えしましょう。

起床後、身支度をして午前中のうちに喫茶店に行きます。そして「よし、始めるぞ」と気合いを入れてスタートするのは、気になるお客様へ営業メールを出すこと。なんとなく「最近どうしているのかな」と思うお客様ひとりひとりに文面を考えて送ります。内容は、

「最近はどうしてる？　お話も聞きたいし、たまには会いたいな」

「銀座に来ることがあったら、南々子のこと思い出してね」

などといったご機嫌うかがい。バースデーや特別なイベントがある日以外は、「今日、お店に来てね」とストレートに誘うようなメールは、口が裂けても絶対に送りません。自分がお客様の立場で「お店に来て」と言われたら、きっと行きたくなくなるからです。

こうした営業メールは、ホステス業務の基本中の基本。ただ、人間ですから、「面倒だな」

と思うバイオリズムの日もありますよね。そんなときは、やり続けて苦手意識を持つ前に、「今日は無理しないでおこう」と、やらない選択をするという自己管理も大切です。

その後、同伴、お店での接客、ときにはアフターをこなして1日の業務を終えるのですが、その合間にもルーティーンワークはたくさんあります。

お中元やお歳暮の商品選びや発送、イベントのお知らせの手紙執筆、誕生日プレゼントを選んで送る……などなど。

贈り物は、お客様それぞれに異なるものを送っています。

「最近は健康に気を使っていたから、黒烏龍茶にしようか」

「お子様がいるから、子どもが好きそうなお菓子にしよう」

「従業員が多い会社だから、お歳暮は飲み物にしよう」

など、お相手のことを考えれば、ひとりひとり違ってくるのは当然です。

さらに、飲食店関係のお客様が新店をオープンさせればご挨拶にうかがい、お客様が本を出版すれば隅々まで読む。また、毎日のように新聞に目を通してアンテナを張り巡らせています。新聞に異動情報などが載る大企業幹部のお客様も多いので、針穴に糸を通すようにくまなくチェックしなければならないのです。

いつも小綺麗でいる

そして、日頃からもっとも叩き込んでおくべきは、「小綺麗でいること」。わたしたち銀座のホステスは、お客様にいつ何時、どんな場所に呼び出されてもすぐにうかがえるよう、お客様に恥をかかせないように小綺麗にしていなければいけません。例えば、「ダウンコートはNG」「ニットやブーツは高級店では控えるべき」「靴はパンプスが適切」といった暗黙のルールもあります。

ちなみに、「小綺麗」な格好とは、TPOに応じた、お客様の隣を歩いていてしっくりくる服装でしょうか。決して、ブランドを主張したり、自分本位な〝オシャレ〟ではありません。本当の〝オシャレ〟とは、相手を重んじて選ぶ服装のことだと、わたしは思います。お客様の好みがあればそれに沿うし、きらびやかなドレスでなくても、お客様や場を思って選べば、ワンピースにジャケットを羽織るだけでも小綺麗に見えるでしょう。

わたしたちの日々のルーティーンは、すべて**お客様を思っての行動**。どんなお仕事でも〝お客様〟が存在するはずですから、お客様の立場を思って行動してみたら、見える景色が少しずつ変わってゆくかもしれませんよ？

情報収集は余念なく

新人ホステスに「本は読んだほうがいいですか?」と聞かれたら、わたしはこう答えます。
「読んで悪いことはないから、読みたいなら読んだ方がいいけれど、読書より先にやることがあるよ」

銀座ホステスは知性を備えることが大切だと思われていますが、正直、読書はどちらでもいい。そうした**知性以前に、わたしたちに必要なものは、〝情報〟**なのです。

例えば。わたしたちホステスにとって同伴は、この先お客様が「わたしのお客様」になってくれるかどうかのオーディションの場。そんな大切な同伴で、お客様から「いいお店を探しておいて」と言われたら、それは第一関門なのです。

美味しくて、面白いお店はどこか。魚が美味しいお店、タバコが吸えるお店、個室があるお店はどこか。お客様の顔が障《さ》す場合も意識して、個室は店奥にあるか。

そういった銀座の〝情報〟を逐一、カルチャー誌やグルメ誌、SNSなどから得るのです。

さらに、百聞は一見にしかず、わたしの場合は気になった新店や旬なお店へ、直接足を運びます。わたしのお店から徒歩何分で行けるのか、個室のプライバシー保護度やメニューの豊富さはどうかなど、短い滞在時間で希望のメニューを注文できるか、お店のウリは何かなど、目で得られる情報だけではわからないものですからね。そういった場合、「今度、利用しようと思っているから見せてもらっていいですか」と素直に聞けば、快く教えてくれます。

そういった情報の次に吸収すべきは、お客様が身につけるような高級品に関する知識。つまりは、**〝物を知る〟**ということ。新人時代、ハイブランドとまったく無縁で知識がなかったわたしは、まず最初に『25ans（ヴァンサンカン）』を読み、ハイブランドの名前を覚えました。この知識がないと、お客様がどれだけ良い物を身につけているのかわからず、会話の糸口を見つけることが困難になってしまいます。最近では『Precious（プレシャス）』から手土産情報を得たり、ハイブランドが豊富に掲載された男性ファッション誌『MADURO（マデュロ）』や女性ファッション誌『Richesse（リシェス）』をチェックして、お客様へ贈るギフトの参考にしています。

お店の情報、物の知識、そして次にようやく、**知性を養う本**の出番です。

わたしが主にチェックするのは、お客様が読んでいる本や、お客様が掲載されている雑誌や新聞です。例えば、『プレジデント』（プレジデント社）、『財界』（財界研究所）や『書斎の窓』（有斐閣）、『致知』（致知出版社）などなど。

お客様について知ることができ、共通の話題ができるのと同時に、いつの間にか専門的な知識が養われるので、一石二鳥なんですよね。

なかでもわたしのお気に入りは、人間学を学ぶことを標榜している『致知』です。

多くの経営者が読む、心に響く雑誌。たびたび格言が登場するのですが、なかでも、「安酒は飲むな」というフレーズがとても気に入っています。

その真意は、いろいろな意味に捉えることができるかと思います。わたしは「お酒を飲むなら、ひとりで飲むより、雰囲気のいい場所で楽しく飲もう」という意味だと捉えました。どうしてそう思ったかというと、「雰囲気がよく楽しく飲める、日本一高いお酒が置いてある場所＝銀座のクラブ」だからであり、読者も銀座を想起してくれたら嬉しいではないですか。

わからないことを、わからないままにしない

また、お客様からいただくメールも知性の宝庫。知らない言葉をたくさん使われますが、それをあやふやなままにしておくなんて、勉強する機会を失うようで勿体ない。

わたしはわからない言葉があるとすぐに調べるか、お客様に素直に聞いてしまいます。「この言葉、難しいけれどどういう意味ですか?」と。すると、「銀座のホステスなのに、こんなことも知らないの?」と言われることもあります。なにせ義務教育課程はほとんど勉強していませんでしたので……。だからこそ、〝知ったか〟はご法度です。わからないことをわからないままにして、わかったふりをしていると、一生分の恥をかいてしまいます。

無知＝恥ではありません。無知だからこそ、学んだ瞬間に知識をひとつ、またひとつと増やすことができるのです。

ひとに対するお金は渋らない

わたしは、いいえ、わたしだけではありませんね、売れている銀座ホステスの多くは、ひとに対して使うお金を出し渋りません。

無駄金を使ってこそ、投資のように後になって何倍にも返ってくるのです。

まずは、お客様に対して。ちょっとしたもの、例えばタバコなどはもはや経費だと思うレベルですし、美味しいチョコレート一箱や、冬ならリップや入浴剤など、相手を想いつつの些細なものは、よく差しあげています。

また、お客様のお誕生日など、同伴時の飲食代をわたしが負担することもしばしば。飲食店関係者のお客様がお店をオープンすれば、もちろん自腹で行くし、新商品を出せば買って自分で使ってみます。だって、いつもよくしてもらっていますもの。こちらが何もお返ししないのはおかしいでしょう？　それに、わたしは彼らを応援したいですから。

100対0の関係には、いつか必ず歪みが生まれるものです。

そして、後輩ホステスにも同様、出し渋ったことはありません。わたしもお姉さんたちに同じことをしていただき、いま、同じように返しているのです。

例えば、いまの若いホステスは、ダウンコートを着ている姿がよく目につきます。ですが、実はホステスはダウンコートを着てはならないのです。お客様からお呼び出しを受けたらどんな場所にも行かなければなりません。そこは、ダウンコートのようなカジュアルなスタイルがそぐわない場所が多く、たとえ寒くても、機能性を重視したダウンコートでの出勤は、しないほうがよいのです。

そんなときわたしは、彼女が頑張って仕事をしている子ならば、「これでダウンコートじゃないアウターを買っておいで」と、お金を渡して買いに行かせます。

そうすると彼女は後日、必ずお返ししてくれます。

良い物を着ている女性は、お客様も「この子には下手なものをあげられない」と感じ、良い場所へ連れて行き、そのうち彼女を気に入る。するとお店に頻繁に来てくれるようになる。さらに、「このコート、南々子さんに買ってもらいました」と、お客様にわたしのポジティブな一面を伝えてくれる。するとわたしの印象は良くなりますよね？

様々なシーンで、巡り巡ってお店やわたしの利益になるのです。

お金はひととひとの距離を繋ぐちょっとしたスパイスと言えます。相手のことを想い、お金を使えば、気持ちも伝わるはずです。

ジェントルマンを育てるのが業務の一環

銀座ホステスには「育て」という業務があることをご存知でしょうか。意味はそのまま、「お客様を育てる」です。何に？

一流のジェントルマンに、です。

銀座のクラブは、基本的に一見客はおらず紹介制。紹介する側からされる側に、**銀座流の身のこなし方**が引き継がれていればよいのですが、そうでない場合は、ホステスが「銀座のクラブとは、こういうものである」と教えなければなりません。マナー違反は、紹介者の顔に泥を塗るようなものですから、そうなる前に、わたしたちがジェントルマンに育て上げるのです。

わたしたちが育てるタイミングは、日々、「あ、違うな」と気づいたとき。そのつど、「これはこうしたほうがいい」と説明します。

例えば。

・ホステスとアフターに行く際は、係（※その日のテーブルでの接客担当ホステス。詳しくは後述）が「別れ際にタクシー代を渡してね。相場は1万円ですよ」と耳打ちする。
・同様に、ホステスのお祝い時には、「シャンパンを入れてあげてね」と教える。
・接待で連れられて来た男性のなかには、「俺、お店には通えないけど、今度外でご飯食べようよ」と誘う方がいますが、もってのほか。「わたしたちはその時間、営業中です。外で会うことはできません」と丁寧に解説する。ちなみに、ホステスを店外デートに誘えるのは、頻繁に通ってくれて信頼関係ができたうえ、その後きちんとお礼をしてくれるお客様。そして、イレギュラーですが、お互いに「プライベートでも会いたい」と思える、相思相愛なお客様。

一例ですが、これらは教える人間がいなければ一生わからないことです。

成熟したジェントルマンのなかには、ホステス数人を誘っての同伴時に、「みなさん、早く来てくれてありがとう。これ、気持ちです」と、ポチ袋と手土産を渡してくれるひともいます。中には、1万円札と、ちょっとしたお菓子。そういった方は、お店でもホステスたちに、「お腹空いていない？　寿司でもとろうか」と気遣ってくれるもの。そうしたちょっとした心遣い、すてきですよね。

では、お金をかけられない若いお客様は「若すぎてどうせ通えないし、育てる意味がない」のかといえば、そうではありません。若いお客様は、頑張ってくれるのです。「通えるようになるために」と、一生懸命仕事をする。その間は、上司の同行者としてお店に来てくれるだけでもいい。

そうやって頑張ることができる若いお客様を大事に育てていると、出世したときに成果が出るのです。

「あのとき僕を大事にしてくれたのはお姉さんだけだったから」と、以降長く通ってくれるとても情深いお客様になってくれるのです。その瞬間こそ、ホステスの醍醐味のひとつ。心の中で「よし！」とガッツポーズをしてしまいます。

ジェントルマンは、単に「＝お金を使ってくれるお客様」ではありません。ホステスは、お金がないひとに身の丈以上のお金を使わせようとしたり、高いボトルを無理やり開けさせるなんてことはしません。店に来ていただくことが、ただただ嬉しい。派手にボトルやシャンパンが入り乱れるような世界ではなく、普通に飲み、楽しんでいただけるだけで満足です。

そんな世界だと踏まえたうえでの、〝ジェントルマン〟とは、**思いやりの心を持っていることがいちばん大切**。ホステスだって人間ですから、心からの気遣いは伝わってくるものです。

セクハラ男をかわす、ワンクッション対応

ホステスにとってセクハラは、日常茶飯事——。とはいえ、高いお給料をもらっているから許容できる範囲が広いというだけ。当然のように腹が立つし、悔しい思いもします。許容できる範囲のセクハラの対処法、例えば、体の一部を触られたとすると。

- **その手をぎゅっと握り、目を見つめておしゃべりに夢中にさせるなど、ほかに焦点を当てさせる。**
- **「飲んでないじゃないの。ほら飲んで飲んで！」とグラスを持たせて飲ませる。**
- **「触り方、へたくそー！」と、ふざけながら言う。**
- **相手が既婚者ならば「こんなことして、わたしが本気になったらどうするんですか。ご家族がいるでしょう？　不倫はしたくないなあ」「遊びでこういうことをしたくないの。覚悟はあるの？」と牽制する。**
- **エレベーターでふたりきりになったとき、キスをされそうになったら、そのままギューっとハグをする。キスされるよりもマシだから。**

こうして、まずはワンクッション置いて様子を見ます。それでもしつこく同じことをする場合は、はっきりと「触らないでください」「そういうことはやめてください」と伝えます。同意なく相手に触ることは、ただただ失礼な行為ですから。

以上の方法は、あくまでホステスとお客様の、お酒の席での話。太陽の下で働く女性たちには、ワンクッションを取っ払い、**最初からはっきりと拒絶する以外に方法はありません。**

また、多くの女性たちが被害に遭っているのは、接触のない言葉のセクハラではないでしょうか。「胸、大きいね」などと軽い気持ちで言われた一言の不快さは、誰もが実感したことがあるはずです。こうした言葉のセクハラは、「まあ、悪気はなさそうだし」「一言だけだったし」と我慢していたら、エスカレートしてしまうパターン。

エスカレートを1度目のセクハラで断ち切りたいなら、反応はただひとつ。にこりともせず、「え?」と怪訝な顔で、無視を貫く。

「わたし、ドン引きしているんですけど……?」を全力で表現することが、シンプルかつもっとも効果的な反応だと、わたしは思います。

なかには、枕営業を持ちかけられた経験のある女性もいるでしょう。ここ数年、世界中の女性から湧き上がった「#MeToo」運動が、いかに多くの女性たちが被害に遭ってきたのかを象徴しています。

もちろんわたしも、新人の頃に言われたことがあります。よくもまあ面と向かってそんなひどいことを言えるものだなと思いますが、拒否をすると、

「体の関係になれないなら、おまえに用はない。ほかの女の子と替わってくれよ」などと言い放つお客様もいました。

最低ですよね？　女性側にまったく非がないのは言わずもがなですが、彼らは相手を値踏みして言うのです。「この女性ならば、言っても大丈夫だろう」と。

つまりは、舐められているのです。舐められないためには、そんなことを言わせないくらい、仕事の実績で飛び抜けるしかありません。

または、普段から「はっきりと物言いする女性」というイメージを周囲に植え付けておく。そうすると、「この女性に言うと、あとあと面倒になりそうだ」と躊躇するはずですから。

わたしも今では言われなくなりましたが、この立場に至るまでの実績を積むのも、楽ではないのが現実です。ならば、周囲の人間に協力してもらいましょう。多くのセクハラ男の共通点は、嫌われ者である、ということ。男性からも女性からも嫌われているパターンが多いため、「あの男ならばやりかねない」と味方になってくれるでしょう。

いま、セクハラに悩んでいる女性のみなさん、ひとりでふさぎ込まないで。これはひとつの事件です。どうか、周囲に助けを求めてくださいね。

不機嫌な男の、くすぐり方

意味もなく不機嫌な男性っていますよね。会った瞬間からムスッとしていたり、話していると突然「俺の話、聞いてるの!?」と怒鳴ってきたり。こうした男性との対面は、とても緊張するものです。

こんなときわたしは、まずは原因を探ることから始めます。

「今日はご機嫌ななめなの？　どうしたの？」

すると、高確率で「別に……」と言うはずですから、

「でも、怒っているでしょう？」と続けます。子どもに語りかけるように、優しく聞くのです。

こちらは「意味もなく不機嫌」だと思っていても、きっとここに来るまでに何かしらあったのだと思います。言えないことかもしれません。言えないけれど、とにかく怒りをあらわにしたいのでしょう。不機嫌な理由はわかりませんが、ひとつわかるのは、怒っている原因はこちら側には一切ないということ。だからあくまでも客観的に「どうしたの

かな？」と問いかけるスタンスが、こちらの労力を極力使わずに済む方法でもあるのです。

または、「わたしがついたからですか？　あなたのタイプの子を教えてくだされば、つけますよ！」と、お客様の罪悪感に訴えかける作戦も駆使します。

さて、それでもムスッとしていると、埒《らち》があきませんよね。ここで焦り、「わかるよ」なんて言ってしまったら、「俺の何がわかるんだ！」と、ますます不機嫌になりかねません。

その場が白けてしまわぬよう、わたしが繰り出すのは、こんなセリフ。

「実はわたしも今日、機嫌が悪いの。同じだね」

意味深に、同調してみる。するとさっきまでむっすり一辺倒だった男性が、顔をあげて「なぜ？」と聞いてきたら、こちらのもの。

「昼間にペペロンチーノを作ったんだけど、辛くて食べられなかったの！　一食分、無駄にした！　気分最悪だよ！」

膠着《こうちゃく》していた場の空気を、笑いに塗り替えてしまいましょう。きっと彼も呆れて「なんだよそれ？　俺なんかなあ……」と、原因をようやく話してくれるかもしれません。

ひとが発明した最大の武器、笑い。有効活用していきたいですね。

怒られたときの、上手な対応

社会人になってから、1度も怒られたことがないひとはいませんよね？　わたしも新人時代からいままで、数えきれぬほどお客様に怒られてきました。もはや怒られることは日常業務の一環だし、お給料に含まれているとまで思うほど。業務の一環ならば、いちいち落ち込まずにコツを掴んで上手く対処する方法があるはず——。

ええ、あります。

まずは、怒られたときの基本的な心構えを認識しておきましょう。

1．口答えはNG

相手が怒っていたら、基本的に口答えはしてはいけません。「でも」などと途中で口を挟む行為はご法度。着火剤以外の何物でもありません。怒りを受け止める姿勢を見せることが、先決なのです。

2.「怒ることが趣味」なひとがいることを知っておく

こちらにまったく非がないのに、揚げ足をとったり八つ当たりをしてくるひとは、どんな職場にもいるということを知るだけで、理不尽に怒られ、理不尽に悲しむ機会が減るはずです。ひたすら聞き流し、慣れてきたら「ああ、今日も揚げ足をとるのが上手いなあ」と感心するくらいの余裕を持ちたいところです。

また、事あるごとに怒る上司がいますよね。その多くの場合、怒られる部下が悪いのではなく、上司の能力不足、器の小ささに起因しています。だってね、一流の料理人はどんな食材を使っても、一流の料理を作り上げるでしょう？　どんな部下でも使いこなせないような上司は、そう、単なるヘタクソ、なのです。なお、自分が上司の立場になった際にも、「できない部下はいない。できない上司がいるだけ」と思いながら部下に接しましょう。

3.「不幸自慢のネタをゲットした」と、むしろ喜ぶ

前述のように、わたしも何度もお客様に怒られたことがあります。なかには、店内で大声で怒鳴られたこともあります。新人時代は、テーブルでも散々泣かされました。わたしだって感情のある人間ですから、落ち込みますし、恥をかいたと塞ぎ込みたくなります。

そういった場面に遭遇したら、わたしはとことん悲劇のヒロインを味わいます。ひっく

……ひっく……とむせび泣きながら、「わたしは公衆の面前で怒鳴られて、なんと不幸なのだろうか」と、悲嘆に暮れます。

するとそこはもう、南々子劇場――。店内のみなさまの視線を浴び、目一杯悲劇のヒロインを演じ、後日この出来事を〝ネタ〟にするのです。

「聞いてよ。わたしなんてこの前、店中に響く声で怒鳴られて、大泣きしちゃったんだから」するとお客様や同僚を「ああ、あのときね」と笑わせ、新人ホステスを「南々子さんでさえそんなことがあるんだ。わたしだけじゃないんだ」と、勇気づけることができる。どんな経験だって、自分次第で財産にできるのです。

4．怒っているひと＝わたしのことが好きなひと

怒ることはすなわち、相手にエネルギーを使うということ。

どうでもいい相手には、怒る気力すら湧かないはずです。泣かせるまで怒りたくなってしまう心理を、わたしは「相手が好きだから、都合よくいかないことに対して当たり散らしてしまう」のだと推測します。

「可愛さ余って、憎さ100倍」という言葉がありますが、まさにそれ。

エネルギーを使いたくなるのは、気になっている証拠。「あ、彼ったら、わたしのこと

が好きなんだ」と、胸の内で余裕を見せたいですね。また、そういうタイプのひとは総じて、「自分で感情をコントロールできない器量のなさを露呈しているひと」として見ると、こちらは心大きく構えられるはずです。

さて、次に養っておきたいのは、怒りへの対応力。わたしが実践していることをいくつかお伝えしましょう。

1．怒られたら、神妙な顔をすべし

ふてくされるなんてもってのほか。神妙に考えている〝ふり〟でいいのです。目を潤ませて反省心を覗かせ、眉間にしわを寄せて考え込む表情を演出し、あなたの演技力を思う存分発揮してください。一方で頭の中は、念仏でも唱えていればいい。

女はそう、いつだって女優なのですよ。

2．怒られた内容をオウム返しすべし

ずっと神妙な顔で黙りっぱなしでは、そのうち相手が「話を聞いているのか」とさらに怒りかねません。では、怒りを鎮火に向かわせるにはどうすればよいのか。理解している〝ふり〟をしましょう。やり方は簡単、オウム返しすればよいのです。

「きみのここがダメなのだ」

「はい。わたしのここがダメなんですね……」

「あの態度がなっていないのだ」

「はい。そういう態度をしないように努力します……」

どうですか、オウム返しするだけで、まるで理解しているように聞こえないですか？

自分で考えたって、何が正解かはわかりません。正解は、相手の怒りの中にあるのです。

3．我慢できなくなったら、我慢しなくてよし

忘れてはいけないのは、これらの心構えや対処法は、「もらっているお給料で我慢できる段階」でのこと。我慢できなくなったら、それは事件です。度を越えた人格否定などは、不幸自慢のネタではなく、さらに上の上司への相談案件にしましょう。

人生には、「楽しいこと」「悲しいこと」「喜ばしいこと」「腹が立つこと」など、様々な感情が当てはまる出来事のなかに、「理不尽なこと」も当然あります。**怒りの打撃を真正面から受けず**、「はいはい、今日は理不尽なことが起きた。それだけ」と、流せるようになれれば、きっと仕事がしやすくなるはずです。

LINEは一通一通、手を抜かない

銀座のホステスにとって、メールやLINE送信はとても大切な業務のひとつ。だからこそ、一通一通、手を抜かないように意識しています。

お店に来てくれたお客様に対して、お礼LINEは即日が基本。敬語を使って丁寧に、「今日は来ていただき、ありがとうございました」と礼節を重んじた文面で送ります。お礼に、馴れ合った雰囲気を持ち込んではなりません。

また、こちらから連絡先を聞いておきながら、何も連絡をしないのは言語道断。ならば最初から連絡先交換をしないほうがマシです。**連絡先を交換した時点で、「これからも仲良くしてください」という気持ちを、伝えるべきなのです**。

ただ、誰にでも「即日送信」すればいいというものでもありません。ご家庭があるお客様にとって、来店後の即日はすなわち、「帰宅後＝ご家族がいらっしゃるご自宅」となってしまう。となると即日送信は迷惑ですので、そういった場合は、翌日の昼頃に送信します。「いま、彼は、どこで何をしているのか」を、初来店時のコミュニケーションで把握しておき、行動パターンを読み、それぞれのタイミングに合った時間帯にお送りしているのです。肝心の文面ですが、お客様をたくさん抱えたホステスならば、コピー＆ペーストした内容で時短したいところ……ですが。

コピペは、100％バレます。だって、心が入ってないんですもの。まるでスパムメールのように読んでも何も響かず、既読スルーされてしまうのがオチです。

メールやLINEこそ、ひとりひとりのことを考え、一通一通に心を込めないと、100通送ったところでまったく意味がありません。心を込めるには、心構えがとても大切。わたしは基本的に、メールの文面は自宅では考えません。仕事後の夜中、ベッドやソファに寝転がりながらポチポチ打つなんて、もってのほか。あくまで仕事ですから、ね。

だから午前中、頭が冷静な時間帯に喫茶店へ行き、気持ちを整えた上で文面を考えます。このとき、入れてはいけない言葉があります。それは、直接的にお店にお誘いする文言。あくまでも日常的なやりとりをしつつ、「次のイベントで浴衣を着るんだ」などとお店のことを匂わせる程度。お客様は、ダイレクトに誘われると行く気が萎えてしまうからです。

働いているのは夜だけかと思われがちですが、実は早朝から頭を働かせているわたしたちホステス。試合という一瞬にかけ、人生をかけて練習に打ち込む、アスリートに似ていると思いませんか？　うふふ。

手紙に、直談判。他人がやらない、懐に入る行動

仕事においてほかのひとと差をつけたいのならば、答えは簡単。**「他人がやらないことをやる」**に限ります。

わたし自身これまで、素直かつあざとく「他人がやらないこと」をたくさんやってきた結果が現在の立場だとすると、これで居心地の良い未来が確実に摑めるといえるでしょう。

まず、他人がやらないけれどわたしがやったこと。

来店間隔が空いている〝大物〟のお客様へ、直筆の手紙をお送りします。彼らの多くは、精力的に活動し、その痕跡をメディアに残しています。雑誌や新聞、WEBメディアに掲載された彼らのインタビューなどを読み漁り、その感想や感銘を受けたポイントなどを綴りつつ、「お会いしてもう一度お話しできる日が来ることを、密かに願っております」と締めくくります。

ただ、これがとても体力と気力を使うのですよね。普段、字を書く機会が減っているだ

けに、エネルギー消耗が激しく頻繁にできることではありません。

そこでもっと気楽にできるのが、一筆箋です。季節の挨拶などは、さらりと一枚お送りするだけでも印象に残ります。

直筆の難点は字の下手さがバレてしまうことですが、ゆっくりと丁寧に書けば、「上手くはないけれど、一生懸命書いてくれたんだな」ということは確実に伝わります。わたしも字に自信はありませんが、一生懸命さでフォローできていると信じています。

さて、直筆手紙作戦で、もっとも差がつくポイントがありますが、どこだと思いますか？

それは、切手です。世の中には、ベーシックな切手以外にも、ありとあらゆる切手が存在します。そこに、お客様への心遣いを込めるのです。

お客様の出身地にまつわる切手、お客様の生まれた年が書かれた記念切手、乗馬をやっているならば馬が描かれた切手、石原裕次郎さんが好きならば「裕次郎記念切手」……。

いまはインターネットでどんな切手も手に入ります。これだけで、お客様の心を掴むのに一歩リードできるならば、最高のコストパフォーマンスだと思いませんか？

ここ最近は直筆手紙をお休みしていたのですが、新型コロナウイルスによる休業中、久しぶりに書いてみました。ただ、送付はしません。直筆手紙を写真に撮り、ＬＩＮＥでお送りしたのです。お送りするお相手は、コロナ禍により深刻な状況に陥っていないことが把握できた方のみ。「いつかまた、会える日がくることを願っている」といった内容を書き、お送りしましたが、そのお客様が休業明けに来てくださったときは、心底嬉しかったことを覚えています。

トップには熱血心をアピール

もうひとつ。他人がやらないけれどわたしがやったこと。それは、トップの懐に入ること。

ひとつ、過去のエピソードを書かせてください。

新人時代のある日、正体不明ながら大物然とした紳士が来店しました。彼は帰り際、「これから仕事」だと言っていたので、彼が退店してすぐに、電話をしました。

「最後にあなたについた、南々子です。今日はありがとうございました。今度、お食事に連れていってくださいね」

その後、同伴が実現すると、そこでの会話で発覚したのです。彼がとある企業の有名な会長であることが。彼は「その日のうちに電話でお礼を言われたのは、初めてだった」と、とても感激していた様子でした。

彼の正体を知ったわたしの行動は、とても早かった。**打算なしに、直談判した**のです。

「わたし、この店のNO．1になりたいんです。だから、助けてください。応援してください」

「わかった。どうすればいい？」

「週1回、同伴してください」

「よし、いいよ」

二つ返事で快諾してくれた会長に、わたしが返せるものは、誠意以外なにもありませんでした。若さならではの勢いとオープンすぎるマインドで、ただただ邁進しただけ。そうして会長の〝応援〟は、引退するその日まで続きました。

ね？　普通そんなこと、思いついても誰もやろうとしないでしょう？　だからこそ、多くのホステスのなかから抜きん出ることができたのです。

さて、トップの懐に入る人物像には、共通点があるようです。

愛嬌と、人懐っこさ。ロールモデルは、映画『釣りバカ日誌』の西田敏行さん演じる〝ハマちゃん〟こと浜崎伝助。彼も、三國連太郎さん演じる〝スーさん〟こと鈴木建設代表取締役の鈴木一之助の懐に、とても上手く入り込んでいますよね。

普段は孤独に戦うトップほど、懐いてくれる平社員を可愛く思うものです。

トップが著書などを持っていれば、「読みました。とても感銘を受けました」といった感想を率直に伝え、言葉を交わせる関係になることができれば、「わたしの業績が上がったら、社長とお茶をしてみたいです」「このプロジェクトが終わったら、社長も打ち上げに来てくださいね」などと、下心を見せずにお願いするのもひとつの手です。

そしてさらに、「どんなふうに仕事をすれば、社長に近づくことができますか?」と熱血心をアピールできれば、トップのハートは撃ち抜いたも同然です。

恥ずかしい? 緊張する? ならばまずは、ハマちゃんを憑依《ひょうい》させて挑んでみては?

場の空気を摑む、アイスブレイク

初対面のひとと会話を始めるとき。挨拶のあとに続く、場を和ませるためのコミュニケーション技術を「アイスブレイク」と表しますが、「何を話せばいいのかわからない」と悩む方が多いかと思います。そんなときは、力まずに自然体で接するのがベストです。

例えば、わたしが普段、無意識で実践している「アイスブレイク」は――。

1．目に飛び込んできた相手の情報を褒める

初対面のお相手、まずはどこを褒めたらよいでしょうか。外見を褒めるよりも、「優しそう」「頼り甲斐ありそう」などと内面を褒めたほうがよいでしょうか？

その答えは、NO。

初対面で内面なんてわかるはずもないですし、「この一瞬で何がわかるの？」と胡散臭さすら漂います。

正解は、外見です。

「素敵な時計ですね」

こんなふうに、小さなものでも目に入ってきた彼の外見を褒めますが、これに続くセリフが重要なのです。

「もしかして、貢がれたものですか?」

時計が素敵だなんて、言われ慣れていますから。彼にとってみれば「そんなの知ってるよ」で終わる話。……ですが、「貢がれたものか」と聞かれれば、いつもと違う問いにときめきを覚え、そのうえ「モテそう」と同義ですから悪い気はしません。

こんな例文もあります。

「センスのいいネクタイですね。彼女が選んだアイテムですか?」

彼女がいない場合は、「いるように見える＝モテる」と捉えることができますし、実際に彼女がいる場合は、彼女のことを褒められているようで気分が高揚するはずです。

なお、彼女の有無を知らない場合は、このやりとりで知ることができるというメリットもありますよ。

2. 外見に褒める箇所がない?　……いいえ、褒めポイントがないひとなどいない

「褒めポイントがない」だなんてあり得ません。とにかく、五感でわかるものなら何でも

いいのですから。「口臭が爽やか」でも「まつ毛が長い」でも、何でも。そこまで範囲を広げれば、何かあるでしょう？

服だって、高価なアイテム以外でも褒められますよ。わたしは、それが安価なファストファッションだと知っていても、

「手触りがとても気持ちいい！　ロロ・ピアーナのカシミヤでしょう？」

と言います。相手は、「違うよ、ファストファッションだよ」と否定しつつ、買い物上手な一面を見出されたことで、鼻高々になるのです。

３．天気の話はＮＧ　……とは一概には言えない

もっとも退屈なアイスブレイクといえば、「今日はいい天気ですね」に代表される、空模様のお話。見上げればわかることをあえて言葉にするからには、この先に続くセリフが必要です。

「でも風が強いですね。わたし、飛ばされるかと思ってしまいましたよ。ちょっと掴まっていいですか？」

風↓飛ばされる、と連想ゲームのように言葉を紡ぎ、**その場を和ませる笑い話にできれば、天気の話も捨てたものではありません**。

4．誰もが気持ちよくなれる、自虐話

特にお酒の場で効果的なのが、ひとの不幸話。つまり、わたしの自虐話です。かつて男性に騙された話や、一緒に映画を見に行ったらいつの間にか隣におらず帰られていた話などを、挨拶代わりにお話しすれば、たいていはその場が温まります。

ひとにとって、他人の不幸は最高の肴ですから、ね。

4は例外として、お相手主軸で進めるのが、アイスブレイクの基本。とはいえ、場の空気を作る役割を担っているため、自分の会話力に自信が必要です。

いまでこそ、息を吐くようにアイスブレイクの口火を切ることができるわたしですが、新人時代はそれはそれは困りました。当たり障りのない話ばかりしてしまい、お客様の反応は「ふーん」「へえ」などと上の空。だって、会話の糸口に自信が持てなかったから。

そんなわたしが、いかにして自信をつけたか。次項を、ぜひ参考にしてみてくださいね。

巧みな〝比喩リアクション〟

今や誰もが知る、対男性の鉄板リアクションといえば、さ・し・す・せ・そ、ですよね？

「さすが」「知らなかった」「すごい」「センスいい」「そうなんだ」の頭文字を取った、同調リアクション。売れっ子ホステスたちはこのベタなリアクションを、惜しげもなくオーバーに駆使しています。

こちらを始め、美味しいものを「美味しい！」と目を見開いて感動したり、魅力を感じたら「すてき！」と率直にオーバーリアクションとともに言える女性は、男性から好感を抱かれやすいという共通点があります。

わざとらしくて、あざとい？

いえいえ、男性にはわざとらしさはバレません。女性には秒速でバレますが、男性にはわざとらしいくらいがちょうどよいのです。

リアクションのほか、会話の際の言葉選びも、過剰なほうが印象に残ります。

例えば、「俺が来ると、なぜか客が混みだすんだよね」という謎の自慢を繰り広げるお客様がいるとします。

平均的なリアクションが、「そうですね！　すごい！」だとすると、わたしはここに、もうひとこと上乗せします。

「すごい！　あなた、もしかしてパワースポット⁉」

そう、比喩表現です。**さ・し・す・せ・そ、を、比喩表現で彩ると、クスリと笑わせつつも、より一層お相手の心に響かせ、喜ばせることができる**のです。

百人一首に、清少納言の父親である清原元輔が作った、

「契りきな　かたみに袖を　しぼりつつ　末の松山　波越さじとは」

という和歌があります。「袖をしぼりつつ」というのは、「絞ると水が滴るほど、袖で涙を拭った＝たくさん泣き明かした」の比喩ですが、古来よりこうした表現が様々な文献で散見できるように、日本人の比喩表現好きは筋金入り。

現代もそう。比喩表現を使うとお相手は面白がり、こちらに興味を抱いてくれるのです。

ですが、こうした比喩表現、一朝一夕では会話に使うことができません。日々の習慣や訓練が必要です。わたしだって、場数を踏んで習慣化しているから苦ではないものの、３ヶ月も仕事を休めば語彙力が衰えて、比喩表現が出なくなると思います。

訓練するならば、言葉の連想ゲームから始めてみましょう。

例えば、「わくわくする」を、伝えたいとき。わくわく↓沸く↓ ヤカン＝「わくわくしすぎて、いまのわたし、ヤカン並みに沸いてるよ」

こんなふうに、連想するのです。瞬時に比喩に辿り着くようになれば、訓練の成果あり。日常会話で駆使できるようになるはずです。

四字熟語やことわざも同様。わざわざ単語帳とにらめっこして覚える必要はありませんが、気になったフレーズは、頭の中の「会話で使えそうボックス」に入れておけば便利かもしれませんね。

そうやって言葉を知ることのほかには、〝面白いひと〟を観察するのもひとつの手です。テレビに出ている芸人さんや、身近にいるユーモアセンス溢れるエッジの効いたひとの、言い回しや間の取り方を観察すると、そこは学びの宝庫。たくさんのヒントを拾うことができるでしょう。

オーバーリアクションに、比喩表現。それらが板につくことで、ひととの会話に自信を持つことができ、相乗効果でさらにリアクションよく、頭フル回転で言葉を紡ぐことができるはずです。

稼げるホステスは、チームワークが強固

ドラマなどで描かれる、一匹狼の女性、クールでかっこいいですよね。でも現実の職場では、無理があるのではないかと思います。特にチームワークが重要なホステスは、一匹狼では仕事がやりづらいのではないでしょうか。

意外に思いましたか？　キャバクラ嬢は個人プレイで仕事をしますが、ホステスは接客スタイルがまったく違うのです。

ホステスは、ひとりで仕事をするには限界があります。

ひとりでも、もちろんできることはたくさんあります。ですが、NO．1になるために成果を出すには、周囲の協力が絶対的に必要。トップが狙えるのは、信頼し合える仲間たちとのチームワークがあってこそ、なのです。

ホステスの接客スタイルは独特。お客様の指名ホステスは〝係〟と呼ばれ、その席でのリーダー的存在になります。チーム構成は係のほか、ヘルプのホステス。ヘルプは、お客様のお好みや係の推薦以外は、入れ替わることもあります。

わたしは係になることが多いのですが、その席でヘルプやスタッフによる粗相があったならば、すべて係であるわたしの責任になります。

店内外限らず、ヘルプたちの面倒を見るのも仕事の一環。特に〝報告・連絡・相談〟は欠かさぬように逐一伝えています。例えば、
・お客様と連絡は取れているのか
・お客様といま、どんな関係なのか。どんなメールをもらったのか
・同伴日はいつなのか
・誕生日のお客様へのプレゼントは、誰が何を買うのか
・会社上場や出産、結婚、離婚など、お客様の現状を把握しているのか
・今月の売り上げは足りているか
・困っていることはないか
などなど、そのつどとても事細かに、わたし自身の情報も共有します。そうすることにより、「○○さんは仕事を終えるのが遅いから、同伴には向いていないよ」「▽▽さんは同伴からワインを1本入れるから、飲む覚悟で行ってね」「△△さんは運転手さんがいるから、同伴後に同乗するときは、彼をあだ名で呼んだり馴れ馴れしく話さないでね」などと伝えられ、ヘルプたちを守ることに繋がるのです。

こうした日々の情報共有で信頼関係が強固になればなるほど、テーブルでの接客もスムーズ。「南々子さんのお客様を、みんなで盛り上げよう！」と、結果的にお客様を喜ばせることへ波及するのです。

わたしがいまでも同伴を続ける理由

わたしは〝係〟とはいえ、ヘルプの女の子たちから受ける刺激はたくさんあります。

彼女たちは、頑張って早い時間から同伴をして、お客様をお店に連れてきてくれます。本来〝係〟は積極的にやらなくてもよい同伴を、わたしがいまでも続けている理由はそこにあるのです。〝係〟の立場にあぐらをかかず、「わたしも、あなたたちヘルプと同じくらい働いているよ」という姿勢を示したいのです。何もせずに、ヘルプたちの頑張りを自分だけの売り上げにしてしまうような〝係〟を、彼女たちは信頼してくれないですからね。

一方でわたし自身が、絶大な信頼を寄せるホステスもいます。年齢の違う同期で、彼女自身も売り上げを持つ係でありながら、わたしの席ではヘルプとして、わたしの目となり耳となってくれる、右腕的存在です。ひとつ伝えれば、１００理解して動いてくれる凄腕ホステスなのですが、最近は体調不良で休業中。生身の人間ですから、体調に波があるのは当然。彼女がいつでも戻って来られる環境づくりも、わたしの役割のひとつです。

ここまでチームプレイの大切さをお伝えしましたが、相性が合わないホステスとは無理に関わらなくてもよいのです。多様なホステスがいますから、「みんなで仲良く」だなんて現実的ではありません。あえて関わらない代わりに、せめてお互いに足の引っ張り合いはしないように、仕事をする。だって、メインはお客様だから。お店に来てくださったお客様を喜ばせることが、わたしたちの共通使命ですから、ね。

わたしを育ててくれたお客様

いまのわたしがあるのは、お客様のおかげです。それぞれのお客様が〝南々子〟を作り上げてくださったと言っても過言ではありません。

特に成長を促してくれたのは、〝変人〟なお客様。初対面で「苦手だなあ」と思うようなお客様は、ほかのお客様と同様のやりかたでは通用しません。思うに、彼らは話がわかりづらいひと。嫌なことやキツいことも言うので、相手からはコミュニケーションが取りづらいと思われてしまう。そのせいできっと、ほかのコミュニティでも苦手意識を持たれている。

そんな彼らの攻略は、共感ポイントを探り、とことん共感すること。ほかの場所では理解されていらっしゃらないだけに「やっと俺のことをわかってくれるひとがいた」と、喜びもひとしおでしょう。すると、一途に通ってくれるようになるのです。

同様に、わがままなお客様も、一度攻略すれば通い続けてくれるメリットがあります。

でもね、大変なんですよね。できないことをあれこれ要求して、こちらを振り回してくる。例えば、ヘルプの女の子を、業務時間外の午前中から連れ回そうとしているお客様がいるとします。「それは無理」だと正直に伝え、理由も話して諭す。でも、「いやだ！　俺はこの時間から遊びたいの！」の一辺倒。そうなると、〝交渉〟の出番です。

「わかった。早い時間から遊びたいのなら、彼女の同伴ノルマに付き合ってあげてお小遣いをあげるか、女の子の欲しいものを買ってあげてね」

お客様の要求を聞いた上で、こちらの要望も通すべく説得するのです。こうした交渉術ができるようになったのは、わがままなお客様がいてくれたおかげですね。

交渉は、ホステスとしてできておいたほうがいいテクニックのひとつ。お気に入りのホステスが見つからず機嫌が悪くなったお客様を、いかに楽しませるか。安価でホステスを動かそうとしているお客様を、どう説得するか。交渉相手は、お客様だけではありません。

アフターや同伴のダブルブッキングを、どう対応してもらうかなど、現場にいると、そのときどきで様々な問題が発生し、解決しなければならない状況に追い込まれるもの。すんなりとはいかないからこそ、日々、交渉術を磨くことができるのです。

一方で、お客様が発した一言に、感銘を受けたり励まされたり、成長させられたり……お客様から受けた恩恵を素直に享受する瞬間も、とても多い。

例えば、わたしがひとに大金を貸したことに罪悪感を覚え、後悔をしていたときのこと。

あるお客様に悩みを打ち明けると、励ましてくれたのです。

「貸したことで南々子が生活できなくなるわけではないし、そのひとが助かったのならそれでいいじゃないか。南々子は死んでいないし、まだ働けるだろう？　だから大丈夫だよ。忘れなよ」

きっとお客様も、多くの修羅場を乗り越えてきたのでしょう。自身の経験から裏打ちされて表れた「死んでいないし、まだ働ける」の励ましは、胸に響くものがありましたね。

気配りやマナーもお客様が教科書

そしてマナー全般も、お客様が教科書。コーヒーを飲む際はカップだけではなくソーサーも持って飲むことや、パーティー時に空いた取り皿を重ねないこと、お客様がタクシーに乗る際は、ドア枠を手で押さえてお客様の頭を保護すること、化粧室で手洗いした後は周りに飛び散った水滴を拭いておくこと……などと、暗黙に存在する細かなマナーを、時には教えてもらい、時には目で盗んで覚えました。

特に印象的だったのは、食事中のこんなマナー。焼魚を食べているとき、口内に残る魚の骨をどうすればいいのか考えあぐねていたら、気づいたお客様が目の前に懐紙《かいし》を差し出してきたのです。

「これに出しなよ。懐紙は、持ち歩いていると便利だよ。さくらんぼや梅干しの種を処理するときや、鼻をかむときも使えるしね」

ポケットティッシュを出されるのとは違った、秀でた品の良さ、真似したいと強く思ったものです。

また、「パーティーのときはつま先が見えるサンダルを履いたらいけないよ」と教えてくれたうえ、その日の全身の服装を揃えてくれたお客様もいました。まるで映画『プリティ・ウーマン』のような出来事が、銀座では現実として目の前に現れることもあるのです。

マナーは、教えてもらえるうちが華。素直に聞かねば恥をかくのは、「無知な大人になってしまった自分」なのです。

ストレスを、嫌わない

ストレス、嫌いですか？

溜まりすぎると心身に支障をきたすこともありますし、誰も好き好んで溜めているひとはいないですよね。でもね、わたしは思うんです。当然ですが、生きていれば、良いことも嫌なこともある。ストレスフリーな生活だなんて、現実的ではありません。

ストレスは、わたしが、あなたが、生きている証。完全になくすことができないのならば、どう共存すればいいのか、謎解きのように解決策を導き出したいですよね。

そのためにまずは、自身に溜まったストレスを、「ストレス」だと気づくことが先決です。

例えば、いま抱えている悩みや問題点を、紙に書き出してみる。

・彼氏の嫌いなところ。別れる？　別れないならどうする？

・お金を返してくれないひとがいる。

・会社の人間関係がうまくいかない。

そうやって細かく書き出すことで、体内に潜むやつらの存在に気づいてあげるのです。

でも、気づかないとボロボロのまま頑張り続け、その結果――。
「原因はストレスだね。あなたはストレスを『ストレス』だと感じていないから、突然体に出てしまったの。『ストレス』だとわかれば、解決しようと思えるからね」

かつて、急に逆流性胃腸炎になり病院に駆け込んだわたしに、お医者様が言った言葉です。そのとき初めて、ストレスを認識することの大切さを知ることができました。

そうしてストレスに気づいたら、心身を休めるのみ。休日は好きなひとと好きなことをして、好きなものを食べる。ストレスの原因から自分を遠ざけ、完全なオフ日にする。

また、体を動かすのも健康的なリフレッシュ方法です。数時間お散歩をするだけでも充分。じんわりと心地よい汗をかき、帰宅後は疲れた体をベッドに預けてみてください。

わたし、ストレスを嫌いになれないんですよね。「いまわたし、頑張って仕事しているな、生きているな」と思えるから。最近も、コロナ禍による休業を経て久しぶりにお店に戻ったとき、それを実感しました。お店でよくある他愛もないトラブルが発生し、ママと一緒にトラブルを大歓迎するように喜んだのです。「これぞホステスの醍醐味だよね」と。しばらくストレスと距離を置いていたからこそ、懐かしさがじんわりと広がったのです。

少し面倒だけど、生きるうえで必要な、あいつの存在。そうポジティブに思えたら、ストレスも捨てたものじゃないでしょう?

コロナ禍で、見えてきたもの

２０２０年4月7日、政府が出した新型コロナウイルス感染症における緊急事態宣言。密になりやすい飲食店が軒並み休業するなか、特に接客を伴う各高級クラブは真っ先に休業措置を取り、わたしたちは外出自粛が強いられ、昼も夜も、銀座からひとが消えることとなりました。

３ヶ月間、突然のお休み。

そのショックは大きく、仕事のことを思うと胸に穴が開くような、空虚な日々でした。

「このまま、お店が再開されないのではないか」

誰もが、そんな恐怖心に苛まれていたと思います。

ですが、ふと「このまま先の見えない恐怖に押しつぶされてはいけない」と思う日がきたのです。前述にもあるとおり、まずわたしは、数人のお客様に直筆の手紙を書き、写真に撮ってメールやＬＩＮＥで送信しました。そしてお店が再開すると、

「お店はばっちり感染対策しているよ。また会える日がくるといいな」

と、お客様の健康を祈りつつ、安心感を持たせるべくメールを送ります。わたし自身も、お客様からのお返事で、元気な現状を知り、安心したかったのですよね。

ありがたいことにこんな中でも来てくださるお客様には、いつも通り誠心誠意接客し、日々の業務を精一杯こなすことだけを、考えるようにしていました。

そんななか、周りの女の子を見回してみると、気づいたことがありました。

コロナ禍以前よりも、精鋭たちが揃っているのです。辞めていった子や、自分のお客様が来ないから出勤できない子以外の、いまここで働いているこの子たちは、どんな状況でも動じずに毎日のルーティーンをコツコツとこなしている、本物の〝プロ〟だ――。

そう、気づいたのです。こんなときだからこそ、いつも通り頑張ることができる子は、宝物のような存在です。そんな彼女たちの姿は、以前よりも腑抜けていたわたしの胸に深く突き刺さりました。

「お客様を呼んで同伴して、頑張っている子がいるんだ。わたしも頑張ろう」

コロナ禍以前と同じように、気合いを入れて仕事をする、新しい日常。ですが、まだまだお顔を見ることができていないお客様も多くいます。

でも、希望は捨てません。**「銀座の文化が、なくなるわけがないじゃないか」**そう笑ってくださったお客様の言葉を、信じて。

4章

選ばれ続ける女の処世術

～周囲を味方につけるポジティブ思考～

苦手な上司の攻略は、ポケモンGO感覚でいく

どんな仕事にも共通するお悩みといえば、上司との「人間関係」ではないでしょうか。学生時代、クラスメイトならば関わらなければそれで済んできたのとは違い、会社の上司は、たとえ苦手だとしても関わらなければ仕事が進みません。

わたし自身も、苦手なひとはいます。

ルールを守らないひと、自己中心的なひと、こそこそと小狡いことをするひと。

いくら苦手だとしても、円滑に仕事をするためにはそんなひとたちとも関わらざるを得ない……。そんなときわたしは、「ラッキー！」と思います。だってね、新たな経験値を積むことができるから。

気分はまるで、ポケモンGO。

冒険の旅に出て、鉢合わせた敵に対して「この敵は〝火属性〟だから、〝水属性〟の技で勝てるかもしれない」と攻略法を考えてゆくのと同じこと。苦手なひとの圧に負けて社

内にいるのが苦しくなるくらいなら、いっそのこと彼らを攻略する旅に出てみましょう。レッツ冒険！

〈にがてじょうしがあらわれた！〉

↓プライベートを攻める

いつもピリピリしていて、悪意のある説教ばかりしてくる上司がいるとしましょう。仕事上では何をやっても言っても、ネチネチと攻撃されるだけ。成果を出して認められれば解決するかも……と思いますが、それは時間がかかりすぎます。ならば狙うは、上司のプライベートです。

題して、苦手上司のプライベート充実大作戦！

いつの世も人間がほだされるのは、異性の存在。そんな自然の摂理に則り、男性上司ならば「今晩、合コンするので来てくださいよ！」と、女性が複数いる飲み会へお誘いする。女性上司も同様、「すてきな男性店員がいるお店があるんです。一緒に行きませんか？」と、声をかけてみる。仕事上で距離を縮めることができないならば、プライベートから攻めてみるのです。つまりは、〝接待〟ですね。いい思いをさせてあげるのです。

するとどうでしょう。異性の存在によりプライベートが充実した上司は、きっといつものピリピリが軽減。何より、「あの部下と距離感が縮まった」と認識したことにより、個人へ向けられる悪意も減るのではないでしょうか。

↓ギフトを贈る

〝物で釣る〟のは、意外と効果的。休日明けや出張明け、部署に1箱買ったうえで、上司には個別で贈るのが効果的。土産物程度の出費ならばお財布も痛みませんし、コストパフォーマンスは最高です。

↓手柄を上納する

仕事の成功は上司に差し上げましょう。そのとき、わざわざ口に出して言うことを忘れてはいけません。「あなたの指導のおかげで成功しました。だからこの契約はあなたが取ったも同然ですから」と、声に出して〝恩を売る〟ことを伝えておきましょう。

↓上司の性格を見極める

上司の性格は千差万別。誰でもおだてればいいというものでもありません。努力を認めてくれるタイプのひと、情にほだされやすいひと、徹底的におだてりゃ木に登るひとなどと、それぞれに合う接し方があります。コミュニケーションの取り方はオーダーメイド、まずは性格を見極めてから接しましょう。

女性同僚には下手に出る、が得策

女性は、複数人からなる集団コミュニティを作りたがる生き物。いわゆる、親友や友達とは異なる〝群れ〟ですね。そうした集団で行われるのは、主にマウントの取り合い。女性が群れる主な理由は、自身の幸せを確認するためなのです。

そういったマウンティング合戦が好きな好戦的な女性や、〝映え〟目的で「華やかな女性たちに囲まれたわたし」を演出したい女性にとって、群れは相性抜群。そうではない女性にとってはなんのメリットもありませんから、無理をして群れの中にいる必要はありません。

では、仕事上はどうでしょう。仕事で関わる女性には、とことん下手に出るに限ります。「わたしなんか、本当に全然何もできませんから。それに比べて○○さんはすごいですよ」なんてわかりやすいごますりのいやらしさは、意外とバレないもの。

ヘコヘコされて嫌な気持ちになる女性は、実はそんなにいません。上司でも同僚でも、立場は違えど共通して効果的。後輩に対しては下手には出ないものの、「わたしはあのときとても苦労したけれど、あなたはスマートにこなしていて、本当にすごいと思う」などと、やはり褒めることが効果的です。

わたし自身も、下手に出ることを厭わず仕事をしてきたタイプです。お客様やホステスたちの前で、「さすが○○さん！　○○さんがいなければ、みんなこんなに楽しく遊べないですよ！」など、過剰なくらい褒めていますからね。

また、仲良くなりすぎると仕事上ではマイナスに働くことがあります。というのも、わたしは若い頃、仕事で抜きん出ていたため嫉妬の的になり、同僚ホステスからイジメに遭っていた時期がありました。そのとき、彼女たちの〝友達ごっこ〟に違和感を覚えたのです。

荷物を隠され、バッグに落書きをされ、掲示板に貼られた売上グラフに画鋲を刺され、ネット掲示板に「今日も南々子はバカみたいなことをしていた」などと書かれ……。彼女たちは一致団結したように仲良く群れ、退勤後に飲みに行くなど〝友達ごっこ〟をしていました。心の奥底では、はしゃぎ合う彼女たちが羨ましかった。でも、所詮は「仕事ができない者たちのニセモノの友情」です。いつまでも友達ごっこをしている限りくすぶり続け、抜けようとした瞬間に確実に足を引っ張られますからね。

嫉妬心は、仕事の成果以外にも向けられます。例えばランチ時、「彼氏とどうなの？」

なんて聞かれ、おノロケ話をしてしまったが最後、余計な嫉妬心が向けられ、仕事がやりにくくなる可能性大。こんなときは、「彼氏なんていませんよ。この仕事をしていると作るのが難しいですから」「もう長いのでマンネリ化しています」といった自虐を含んだ情報開示にとどめます。

そのうえで、これ以上探られないように、「○○さんはどうですか？」と同じことを質問し、返答次第ではひたすら「すごい！　いいですね！」と下手に出ることができたらパーフェクトですね。

また、ここで肝に命じておきたいのは**「聞きたがりは、喋りたがり」**ということ。それを踏まえたうえで、相手が欲しがり、なおかつ周囲に喋られても気にならない情報だけを与えればいいのです。

プライベート話と同様、仕事の成果の喜びも、共有しないほうが無難です。

仕事上で付き合う女性とは「一歩引く」を基本姿勢に、仕事をしに来ているのですから、仕事に邁進するのみです。

意地悪は、たいてい嫉妬からきている

前項で書いたように、20代の頃、わたしは同僚ホステスたちから意地悪な仕打ちを受けていました。原因は、わたしの仕事ぶり。特に当時は、現在のような〝人間性〟ではなく〝色〟を売っていた、つまり色恋営業をしていたため、癪《しゃく》に触り嫉妬心を煽りやすかったのだと思います。

その頃は、とにかく辛く、悲しかったのを覚えています。

でも、大人になったいまでは、そこまで辛いことだとは思わなくなりました。それはね、**嫉妬は「気になる」の裏返しだと気付いたから**。もっと言ってしまえば、「好き」の裏返しだから。

「あのひと、わたしに嫉妬しているのね。そんなにわたしのことが好きなんだなあ」と、ポジティブ変換できるようになったのです。

ただ、自分の仕事に支障が出るほどの意地悪をされた場合、飲み込む必要はありません。ひとりで抱え込まず、上司を味方につけましょう。わたしも、意地悪された事実を積みに積んで、「もう抱えきれない！」と感情が溢れたとき、初めてママに相談しました。

「実は、数ヶ月前からこんなことをされていて、辛いんです」

感情の吐露だけではなく、こんなことも付け加えました。

「わたしは仕事をしに来ているのに、仕事に支障が出そうで困っているんです」

ママは「そんなことがあったとは、まったく知らなかった」と驚き、すぐに彼女たちを叱りつけてくれました。

「子どもっぽいことをするんじゃない。ちゃんと仕事をしてくれ」と。

ここで大切なのは、上司に打ち明けるタイミングと、文言。
・すぐには言わず、ある程度、意地悪の事実が溜まった段階。
・愚痴や弱音を吐くためではなく、「仕事に支障をきたす」という業務的な視点。
この2つをフォローすれば、上司は動いてくれるでしょう。

生きていれば、意地悪はされますよ。その根本にあるのは、そのひとの能力への嫉妬心。

「わたしよりも能力があるかもしれない、どうしよう！　怖い！」という叫びが、意地悪となって具現化しているのです。

同僚に嫉妬しそうになったら「尊敬さがし」

かくいうわたしも、おのずと沸き立つ嫉妬心に苛まれたことがあります。相手は、仕事ができる若いホステス。彼女の存在が怖かったわたしは、彼女の芽を潰そうとしました。

同じテーブルについた際、バレないようにさりげなく、お客様との会話から蚊帳の外にしたり。一緒に同伴に行った際、彼女の前に並ぶ食事を指し、「もう、せっかくのお客様とのお食事なのにこんなに残しちゃってダメじゃないの。わたし、いただきまーす！」と無邪気を装い目立とうとしたり。お客様の前で「この子、ちょっと軽いだけですごくいい子だもん」と巧妙にマウントを取ったり……。

お店の売り上げに貢献するために、仕事を頑張る子でした。わたしが意地悪をしていたにもかかわらず、「南々子さんのおかげで、今日は楽しかったです」と頭を下げるような素直な子でした。わたしはあなたが怖くて、意地悪をしていたのに。

「こんなにいい女なのだから、わたしは嫉妬して当然だ」

そう妙に納得し、自分が抱える嫉妬心に気づけた瞬間から、「もう意地悪はやめよう。

彼女に負けないように、仕事に集中しよう」と思えるようになりました。以降、彼女とは切磋琢磨する仲に。わたしがお店を辞めるとき、「南々子さんにずっと嫉妬していましたし、負けたくなかった。でも、憧れのほうが強くて、一緒に働けたことがただ楽しかった」と言われ、彼女もわたしと同じ気持ちだったのかと知り、ふたりで抱き合ったものです。

自分の嫉妬心と向き合うことは、醜い自分を鏡で見るようで目を逸らしたくなるかもしれません。でも、それが成長の糧なのです。

嫉妬を受け入れると、心がとても軽くなります。これまで嫉妬心を向けていた女性の秀でた部分に目がゆき、心から尊敬できるのですから。そんなときわたしは、尊敬ポイントを素直に伝えます。更衣室で着替え中やテーブルなどで、さりげなく話しかけるのです。

「毎日同伴もアフターもして、わたしは体力がないし、真似できないよ。すごいね」

そうすると、「そんな。これからも南々子さんからいろいろと教わりたいです」だなんてポジティブな反応が返ってくるのですから、素敵な相乗効果ですよね。

ひとつ気をつけなければならないのは、相手の尊敬ポイントに呑み込まれてしまうこと。

「あの子はあんなにできるのに、わたしは何もできない。なんてダメなのだろう」

なんて自分を全否定する必要はありません。「あの子はここがすごいけれど、わたしはほかの秀でた能力がある」ということも同時に自覚し、自分自身も褒めてあげてくださいね。

女の園で実践してきた「後輩育て」

自分の成績を上げることよりも、実はとても難しいのが、後輩を育てること。対人間ですから、自分の思い通りになるなんて滅多にありません。

でも、少しでも円滑に育てるために、本格的に後輩を育てる前に下準備しておくことが大切です。まずは、「『報告・連絡・相談』だけは徹底的にしてほしい」と伝えておくのです。どんなことでも逐一「ほう・れん・そう」をしてくれる子は、ここで関係性の下地が構築できるうえ、その後の教育でも打てば響く子。

でも、「ほう・れん・そう」すら怠ってしまう子は、残念ながら教育が難しいかもしれません。成長を求めるのが難しく、最低限の接客マニュアルを教えるにとどめています。後輩全員が平等に教育してもらえると思うなんて、綺麗事ではないでしょうか。

いざ後輩教育に入るとき、わたしがお手本にしているのは、これまでわたしを育ててくれたお姉さんたち。わたしは彼女たちから、怒られたことが1度もありません。いい方ばかりに巡り合えて、愛情をかけて育てられました。運が良かったのでしょうね。

だからわたしも、後輩教育に怒りは持ち込みません。絶対に、怒りません。恐怖では、ひとをコントロールできません。ただただ恐怖の感情が残るだけですから。

例えば、お姉さんとアフターに行き、勝手に途中帰宅してしまった新人がいるとしましょう。「なぜそんなことをしたの!? 考えればダメなことだとわかるでしょう!?」なんて感情任せに怒っても、わからないものはわかりません。**ひとつひとつ、順序立てて説明します**。

・お姉さんを残して先に帰るのは、やってはいけないこと。
・途中帰宅したいなら、あらかじめ「この時間までしかいられません」と相談してほしい。
・相談することについて、先に説明しておかなかったわたしも悪かった。ごめんなさい。
・途中帰宅をされたらどう思うか、お客様の立場に立って考えてみて?

経験値がない後輩は、わからないことだらけで当然です。ひとつひとつ細かに説明し、想像力を働かせることの大切さを伝え、最後にこう言います。

「わたしはあなたのことを買っているからお姉さんとのアフターに行ってもらったの。あなたの本当の良さが見せられないままなんて、もったいないじゃない? だから、一緒にお姉さんに謝りに行きましょう」

そうやって**後輩を立てつつアドバイスをすると、素直に聞いてくれるのです**。

また、仕事の仕方について後輩から質問を受けたときは、口頭で伝えるだけでは不十分な場合も。一緒に時間を使い、「あなたのために、わたしも汗を流すよ」という姿勢を見せるだけで、吸収力が格段に違います。

わたし自身が新人のとき、ママに「同伴の誘い方がわからない」と相談したことがありました。するとママは、「じゃあ、片っ端から電話しましょう！　タイミングを拾うのよ！」と、一緒に膨大な量の名刺をめくり、お客様に電話をかけてくれたのです。さらに、「こういう話し方をしてみて」「こんな言葉を言ってみて」とそのつど教えてくれる、手取り足取りぶり。同伴が取れたときは、まるで自分のことのように同じテンションで喜んでくれました。わたしが、ママに一生ついていこうと固く誓ったことは、言うまでもありません。

また後輩教育が上手なひとは、後輩たちへの出費を惜しみません。化粧品やドレス、脱毛をはじめとする美容など、経費であり投資です。

後輩教育は、お金も時間もかかる、とても面倒な作業です。手塩にかけても、裏切られることだってもちろんあります。でも、たいていは巡り巡ってポジティブに自分へ返ってくる。

後輩教育は、後輩のためのように見えて、何より未来の自分のためでもあるのです。

褒め言葉は、息を吐くように出す

ひとを褒めるのは、苦手ですか？　ごまをすっているようで、恥ずかしいと思いますか？　その気持ちもわかりますが、息を吐くように褒め言葉が溢れ出る能力は、持っていて損ではありません。わたしはもはや習慣のように、出会い頭にひとのチャームポイントを見つけては褒めてしまいます。褒められて嫌なひとは、いませんからね。

わたしが習慣化できているのは、アメリカに住んでいたおかげかもしれません。映画やドラマはもちろん、現実社会でも、みんなとにかく褒めるのです。そこで覚えた、「あなたが、今日のわたしのハッピーな1日を作ったのよ」というニュアンスのセリフは、本心からそう思ったときにいまでもお客様によく使っているほどです。

「あなたの隣に座れたから、わたしの今日1日は、本当に幸せな1日になりました」といったようにね。でもこれは、上級編。初級編は、身につけている物を褒めるところから始まります。時計やネクタイ、ヘアスタイルなどなど。褒められ慣れているだろうイケメンだって、「言われ慣れているでしょうけれど言わせてください。本当にイケメンですね。お酒が進んでしまいますよ」なんて言われれば、嬉しいものです。

わたし自身も、褒められたくてたまりません。みんなは「南々子はできて当たり前だ」と思っているなかで、「今月もナンバーワンですね。おめでとうございます」と褒めてくれる優しいスタッフがひとりいるだけで、胸に染み入りますもの。

面と向かって褒めるタイミングを逃してしまったときは、あとからメールで送るのも不自然ではありません。

お客様に「今日のあの言葉、グッときました」、同僚に「そういえば、昨日の飲みっぷり、最高だったよ」、売れっ子の新人に「いつも可愛いけど、今日は一段と可愛かったね」と送ったり。**褒めに垣根なし、褒めに時効なし**、なのです。

先輩には、キャラを売っておく

先輩と一緒に仕事をするとき、「仕事ができる・できない」以前に仕事を円滑に進めるために必要なもの、それは、〝肩書き〟や〝キャラクター〟です。

特にホステスは、お客様に初対面の女の子を紹介する際、肩書きやキャラクターが欠かせません。そうしたトピックがないと、お客様に売り込みにくいからです。

そのため、先輩にはあらかじめ「東京大学出身」「英語が喋れる」「元グラビアアイドル」など、ほかのひとにはないキャラクターが際立ちそうなトピックを、PRしておくのです。

ピロポには、様々な女の子がいます。グラビアアイドルや、兄弟が芸能人の子、胸やお尻が綺麗な子、昼間は銀行に勤務の子……。わたしは「英語が喋れる」ことで重宝されたシーンが何度もあります。ホステスとのギャップがあればあるほど、重宝されるでしょう。

なかには、「何もない」と嘆く子がいますが、そんなはずはありません。「出身地がある」ではないですか。同郷トークは往々にして盛り上がるものです。学校や前職、年齢なども同様。「俺の高校の後輩なの⁉」「あの頃は、小室ファミリーが流行っていたよね！」なんて共通点が見つかれば大成功。ひとは〝仲間〟が好きですからね。

○○マニアも、強い引き出し

また、「この前、○○へ旅行に行った」も、使えるキーワード。際立つキャラクターがなくても、こうしたネタが肩書きに匹敵しますから、いろいろな経験をしてゆきましょう。もう少し踏み込むと、マニアックな趣味を持っていれば、特異な肩書き以上の影響力を発揮することも。例えば、日本史に詳しい〝歴女〟、ゴルフができるホステス、男性並みの車の知識を持つ女性、この3つは確実に重宝されます。さらに、知識がマニアックであるほど、お客様からのウケは抜群。ひとつのことに対してオタクなほうがなおよし、なのです。

理想は、その場の目の前にいるお客様や先輩に応じて、「どんな話題やキャラクターを欲しているか」を察し、売り込むこと。そのためには、普段から自己分析し、すぐにでも履歴書が書けるくらいに、自分が持っている武器を把握しておくのがおすすめです。「わたしは、あなたの利益になる、こんなことができます」と売り込む。そのために、特異な肩書きや出身地ひとつに頼らず、どんどん引き出しを増やしていきたいですよね。最後まで頼れるのは、自らの経験なのです。

上司に好かれたいなら、惚れた気になる

子どもにとって親が選べないのと同じように、部下も上司を選べませんよね。ならば、選べないなりに最低限の良好な関係を作っておいたほうが、自分にとって楽だと思いませんか？

いざというときに上司に助けてもらえるような関係性を作っておくことは、ひとつの目標。仕事はひとりでももちろんできますが、上司の助けを得ることができたら成果の大きさは何倍にもなるはずです。

上司と良好な関係になりたいとき、つまり、好かれたいとき、まずは「自分が相手を好きになる」ことから始めましょう。男女限らず、惚れた気になるのです。「好きになろう」と思って相手を見ると、次第に「彼（彼女）はどうしたら喜ぶんだろう。喜ばせたいな」という気持ちが芽生えます。そうして観察・分析をし続けた結果、相手のいいところをたくさん見つけることができる。そうなればもう、当初は「惚れた気」だったのが、いつの間にやら「本気で惚れている」状態に。

すると上司にも好意が伝わり、特別視してくれるはずです。

ただ、本気で惚れることができる上司でない場合も、もちろんありますよね。いい人ばかりじゃありませんから、「どうしても好きになれない！　見れば見るほど、尊敬できない！」と思う上司がいるのも、リアリティ。そんな上司に対しては、こう思うと尊敬の念が少しは湧き上がるかもしれません。

「この立場まで昇進するには、なにかしらの秀でた能力があるはず。上司はなぜ昇進できたのだろう」

そうして観察するうちに、ほかのひとにはない能力、つまり尊敬ポイントが見つかるのです。「なるほど、社長へのヨイショがうますぎる。太鼓持ちの才能があるのだ」などとね。

成果の上納は、口に出す

さて、さらに上司と仲良くなるには、行動に移すに限ります。成果を上納するのです。

わたしもママに対してよくやります。

「ママがいるからこのお客様と仲良くなれたのです。それに、わたしの成果にしたところで、会社は評価してくれませんから。ママの成果にしたほうが、この結果は輝きますよ」

などと言い、仕事の手柄を渡すのです。そうするとあとから、何倍にもなって返ってくるはず。

「ありがとう。今回はいただくわ。でも、あとできちんとフォローさせてほしいな」

そんなふうに思い、わたしが助けを必要としているとき、手を貸そうとしてくれるのです。

因果応報という言葉がありますが、まさに自分の行いは自分に返ってくる。上納すれば上納分のいいことが返ってきますし、同様に、ケチをすれば結局は相手からもケチられる……ということです。

ただ、上司に好かれすぎてしまうのも、困りもの。どんどんプライベートを侵食され、パーソナルタイムが取られてしまうことがあります。お誘いを断るのもエネルギーを要しますし、「うっとうしい」と思ってしまい、その気持ちが上司に伝わり、結果、仲たがいに発展してしまうかもしれません。

もっとも大切なのは、仕事の成果よりも自分の健康です。辛くなったら、周りに相談をしながら逃げてくださいね。

女の友情、尊敬と義理を忘れない

わたしにとって、友達は家族同然の存在です。いま親友でいてくれる子は、「この子に何かが起こったら、すべての面倒をみよう」と思うくらい、大切な存在。

そんな彼女たちの共通点は、尊敬できること。尊敬できないと、大人になってからの友情関係は長くは続きません。「彼女のここがすごい」と素直に思えるところがある相手が、ずっと友達でいられるひとなのです。

距離感は、適度さが肝心。学生時代のように「みんなになんでも相談する」という関係性を、無理に続ける必要はありません。大人になるとライフステージが異なりますから、友達それぞれに応じて、

「彼女には恋愛相談。あの子には家族の相談。この子には仕事のことを話したい」と、役割を重んじて相談したいですよね。それが、友達への気遣いでもありますから。

同時に、頻繁に会うことができないのも、大人になってからの友情の特徴です。「彼氏を優先したいから」とまったく会わなくなってしまうと、そのうち忘れられてしまいます。

友情は、植物と同じ。こまめに水をあげる＝会って話す……をしなければ、関係性が枯れてしまうのです。ひとによって流れる時間感覚が違いますから、スパンはそれぞれ異なるでしょう。ですが、「全く会わない」と、どんな友達だって共通して自然消滅してしまうのです。

ピロポには、とても信頼する女友達がいます。年下の同期で、長く苦楽の時間を共にし、義理のギブアンドテイクを積み重ね、確固たる友情を育みました。

彼女と一緒にいると、1＋1が2で終わらず、百にも千にもなるのです。いまは休業中の彼女のために、いつ帰ってきても彼女が居心地よく仕事を始められる環境を作っておくことが、いまのわたしの理想です。

先手のオープンマインドで、心の距離を縮める

「このひとと仲良くなりたい」と思ったら、真っ先にするべきことは、こちらがオープンマインドになることです。

こちらからさらけ出す……つまり、いきなり「親の介護が大変で……」「彼氏の浮気現場に突撃して……」といった話をする？

いいえ、それはオープンのさじ加減がだいぶ間違っています。いきなり重い話をまくしたてられたら、相手は困惑するばかり。

相手の話に本音で接することが、ここで指すオープンマインドです。こちらが気を使いすぎると、そこに嘘が見え隠れしてしまうもの。最終的に相手に感じてほしいのは「居心地の良さ」です。居心地の良さを感じると相手も徐々に心を開いてくれるのだということを、意識しましょう。

甘えてみたり、**頼ったり**、**弱みを見せるのもオープンマインドの一種**ですね。例えばホステスならば、仲良くなりたいひとに「いま、こういう色恋営業をしていて、すごく辛く

て」なんて仕事の悩みを少しだけ漏らしてみたり。頼ることは、相手に「頼ってくれるなんて、信頼されているのかも」と思わせ、仲が深まる助力になるでしょう。

オープンマインドの心得がわかれば、あとは実行あるのみ。ですが、どうか急がないでくださいね。いきなりすべてをこなさず、扉の向こうの光が少しずつ差し込むような速度で徐々に、でいいのです。ひととの距離は、急いで縮まるものではありません。

回数を重ねてこそ、相手の性格や感じ方、接し方、そして相性がわかります。

「いつもニコニコ話を聞いてくれるひとだけど、気を使っているわけじゃなくて、話を聞くのが好きなひとなんだな」と、相手のことがわかってくれば、そしてお互いに居心地の良さを感じていれば、距離が縮まっている証拠。

大人になって距離を縮めたいと思える相手は、貴重な存在です。大切に育んでいきたいですよね。

「また会いたい」と思われるための仕掛け

ひとから「また会いたい」と思わせることができるなんて、こちらに相当な魅力がないと難しいのでは？――なんて考える方もいるかと思いますが、実は結構シンプル。「また会いたい」と思われるためにひとつはっきりと言えるのは、「連絡を取り続けること」ですね。ひとが勝手に想ってくれるなんて、そんな非現実的なことはありません。2時間ドラマを撮るよりも、長編映画を撮るほうが時間がかかるでしょう？　それと同じで、長続きには、水面下での努力が必要なのです。継続は力なり、というでしょう？

わたしの場合、お客様に「また会いたい」と思われるためにまずすることは、その場を楽しませるしかありません。その場を「楽しい！」と思えば、「また会いたい」という欲求に繋がるのです。

お客様を楽しませるために、わたしも全力で楽しみます。楽しみ、会話を盛り上げ、相手が居心地の良い空間を作る。そうやってわたしという人間が〝刺さっている〟状態を作り上げるのが、第一段階です。

第二段階は、会えない間にいかに連絡を取るか。著名人ならばメディアに掲載されたインタビュー記事や活動をチェック。調べて、相手についての情報をインプットしておきます。その上で、連絡を取り続ける。内容は、相手にしかないパーソナルな部分に触れることが大切です。

前述のような著名人ならば、「たまたまあなたの記事を読んだのですが……」と、彼の活動に触れて話を展開させます。そういった情報がない相手ならば、そのひとのことを思い出しながらメールをします。例えば、「登山が趣味」だと言っていたひとならば。

「最近は高尾山に行っていますか？　いま、紅葉がきれいな季節ですよね。あなたと見たいなあと思いました」

グルメなひとならば。

「あなたと最後に同伴したお店、最近移転したんですよ。今度会うときは、ほかのお店を開拓しましょうね」

相手の会話や行動の記憶を掘り起こし、手繰り寄せるのです。また、**具体的な〝年数〟を書けば、より相手の心に響きます**。

「最後の来店から2年が経ちましたね。あなたに会えなくて寂しいです」

「運転手付きの車に乗ったの、あなたが初めてだった。あれから10年も経つんですね」

「あなたのファンになってからもう12年。銀座界隈では、わたしが一番長いのではないでしょうか」

こんなふうに具体的な数字を示すと、「もしかして、ずっと俺のことを考えてくれていたの？」と、絆を感じてドキリとするんですよね。題して、**〝数字マジック〟**。歳をとればとるほど、この〝数字マジック〟が効いてくるから、不思議です。

このように、毎回必死なのですよ。「また会いたい」と思われるために、ね。

大人の「ごめんなさい」は言葉と形、どちらも揃えて

人間関係のなかで、「ありがとう」「ごめんなさい」は基本中の基本であることはすでに書きましたが、もっと掘り下げたいと思います。

まずは謝罪について。

お客様の前でやらかしてしまい、怒らせてしまうのはよくあることですが、謝る速度と謝り方ひとつで、その後の印象はまったく違います。

わたしはまず、その場ですぐに頭を下げます。メールならば、遅くとも翌日までに謝罪し、後日対面して改めて謝ります。その際、「ごめんなさい」だけでは、実は足りないことも多々あります。企業不祥事後の対応にも似ていますが、「反省・対策・改善・目標」を提示するのです。

「ごめんなさい。今後はそうしないために、スタッフとともに◯◯していきます。だからもう一度、チャンスをください」

それと同時に、お詫びを形にすると、謝罪に重みや真剣みが付加します。例えば、謝罪の場を飲食店にし、ご馳走するとか。最中などの菓子折りを持って行くとか。接客中ならば、すぐにボトルをご馳走します。特にピロポは高い料金をいただいています。お客様の、決して安くはない時間を台無しにしてしまったのだから、数万円を出費する覚悟は必要なのです。

大人の謝罪は、言葉と形、両方を揃えて礼儀を尽くしたいものです。

仕事上のお礼は、後輩相手でも敬語で伝える

一方で、「ありがとう」も、心から、最大限に伝えたいですよね。心から思っていたら、行動に現れるものです。

日々、仕事上でお世話になるお店の女の子たちには、お礼の言葉にちょっとしたギフトを添えることが多いですね。本当に「ちょっとしたもの」でいいのです。ストッキングなどの必需品でも、日焼け止めやハンドクリーム、リップなど、相手に気を使わせない値頃感のアイテムがちょうどいい。

このとき、言葉遣いも意識してみましょう。後輩でも仲の良い同僚でも、お礼には敬意

を込めて、「ありがと！」なんてフランクに伝えるよりも、「ありがとうございます」と敬語を使うことで、言葉に重みをつけることができます。

また、お客様には特に心を込めてお礼をします。以前、成長を促してくれたお客様に大事な局面が訪れたとき、神社で買ったお守りを渡したことがあります。

「あなたのおかげで前向きになれました。ありがとうございます」

そんなふうに感謝の気持ちを伝えれば、きっと相手と特別な関係が築けるはずです。

プレゼントをいただいたときの、最高のお返し

プレゼントをいただいたとき、真っ先に何をしますか？　「お返しどうしよう⁉」と思い巡らせ戸惑いますか？　それとも、当然のことのように受け取りますか？

正解は、笑顔で喜ぶ！　一択です。

そもそもプレゼントを渡すひとは、もらえるお返しのことなどまったく頭にありません。お返しがほしくてプレゼントをするひとなんて、いませんからね。まず真っ先にできる最高のお返しは、笑顔。溢れ出る喜びの感情を、笑顔で表現しましょう。

……と、そうは言っても、ギブにはテイクがつきものです。お返しはしましょう。

渡すものは、相手を思って決めます。

仕事の同僚の場合は、相手が気を使わないような、ちょっとしたハンカチなど。上司などの目上の人間は、おそらく「お返しなんていいよ」と強調するはずですが、「いいんですかー？」と甘えつつも、次回会う際にお茶の葉を渡すなど、負担にならないチョイスが

ベスト。

恋人に誕生日プレゼントをもらったあとには、相手の誕生日にプレゼントをお返しするのは当然として、相手の誕生日が来る前にお礼はしておきたいですよね。例えば、期間を空けずプレゼントをもらった数日後、手料理を振る舞う程度でちょうどいい。

その際、**「これは、この前の誕生日プレゼントのお礼だよ」と、改めて口に出して伝えることがポイント**です。その行為が日常に流されてしまっては、お返しの気持ちも伝わらず、特別な手料理が特別ではなくなってしまいます。

察してもらおうなんて思わず、自分の行動の意味を言語化して伝えることで、人間関係がよりスムーズになるはずです。

できない約束はしない

アポ、納期、発言――わたしたち社会人は、日々いろいろな〝約束〟に囲まれて生きています。そこで、わたしが伝えたいことは、ただひとつ。

仕事上の約束は、なにがなんでも、守りましょう。

できない約束はしてはいけません。なんでもかんでも、簡単に約束してはいけません。

例えばわたしたちの仕事では、こんなことがあります。

お客様と同伴に行く約束をした後輩がいるとする。ところが、当日の待ち合わせ数時間前、「急用が入り、遅刻しそうです」と後輩から連絡が入ると、わたしは急遽、時間に間に合いそうな代役を立てるなど、「約束の時間を守る」ことに注力します。

そして、危険なのが曖昧な気持ちで約束してしまうこと。

お客様から言われがちな、「温泉にでも行こうよ」なんて誘い文句に「行きたーい！」と軽薄に返事をしてしまっても、お客様にとっては「一緒に温泉に行く」という約束をしたも同然。いざ、「あのとき、行くと言ったよね？」と迫られたら、ぐうの音も出ませんし、結果、お客様の気分を害してしまうことになります。

そんなときは、「温泉、いいなあ」「行ってみたいなあ」といったリアクションにとどめるのがコツ。守れない約束をすることが、もっとも恐ろしいですからね。

なかには、約束をしたときは「守れる」と思っていても、知らず知らずのうちにキャパを超えてしまい守れない状況になってしまうこともありますよね。そんなときは、**状況と感情を、約束した相手にそのまま伝えればいいのです**。

「やる気はあるけれど、どうしてもできないんです。ごめんなさい」

こうした言葉のあるなしで、相手の感情の和らぎはだいぶ違います。プラス、「守れないけれど、この部分までは守れます」という代案を伝えられたら、なおよしです。

一方で、プライベートの約束に、完璧さはいりません。守りたいひとの約束だけを守ればいいのです。気を張らず、破ってしまってもいい。ですが、無断ドタキャンはいけませんよ？　ひととして最低限、「約束したけど、守れない」という連絡だけはしてくださいね。

約束は、怖いですよね。だからわたしは、スパンの長い約束をするのが苦手です。せめて1週間以内で、当日がもっとも楽。みなさまも、くれぐれも無理はしないでくださいね。無理な約束は、身を滅ぼしますよ？

お客様との恋愛は、嘘から出た誠

業界外の女性も、お客様も、みなさんもっとも関心を寄せているのではないでしょうか？　わたしたちホステスは、お客様と恋愛をするのか、と。

正直に言いますが、します。当然のように〝アリ〟なのです。わたし自身、ホステスになって以降の恋人は、全員お客様出身です。兼業ではない限り、出会いの場がお店しかありませんしね。

でもね、これがまた総じて難しい恋愛でした。お客様との恋愛は、嘘から出た誠。双方とも、前提として「相手が嘘をついている」と疑っているため、とにかく時間はかかるし進展しないのです。

まず、見極めが難しい。お客様は見栄を張っていらっしゃるから口説きモードで攻めますし、ホステスだって〝色恋営業〟という接客スタイルもあるくらい、恋愛モードで挑みます。

でもどちらかが、本当に惚れていたとしたら。

「彼、グイグイきているけれど、これは本当にわたしのことが好きだから？　いやいや、銀座での正当派な遊び方でしょう」

「この子、やたら好意を示してくるけれど、まさか俺に気がある？　いや、誰にでも言う営業だよな？」

お互いの頭の中は、天使と悪魔の掛け合いで大忙し。そんな疑心暗鬼をクリアしたうえで恋人同士になれるなんて、奇跡としか言いようがありません。

わたしが初めてお客様と恋人関係になったのは、23歳のときでした。

それはそれは時間がかかりました。お相手は当初から好意を示してくれていましたが、わたしはそんなピュアな思いを見抜けず、ずっと疑っていました。でも、わたし自身の恋心も抑えきれなくなったある日、「嘘でもいい。賭けてみよう」と覚悟を決めて、気持ちを伝えたのです。すると、ありがたいことに彼も同じ気持ち。想いが通じ合うことの幸せを、こんなに実感できるとは思いませんでした。

……ですが、すべてがこんなにうまくいくとは限りません。最初の成功体験があったことで自信がつき、その後に恋をしたお客様へ、最初の彼と同様に賭けてみようと思ったけれど……。

こちらの片想いでした、なんて展開はザラにあります。お店の中では「好きだよ」なんて言い合っていても、お客様にとってはあくまでもお店の中だけの話。単に「銀座のクラブ」という〝社交場〟が好きなだけで、プライベートではホステスに会いたくないと思っている男性もたくさんいますから。

お客様に本気になり、はっきりと「僕には家族がいるし、店にいる〝南々子〟としての君が好きだから」と振られたこともあります。そんなときはきっぱりと諦めるしかありません。

さらに、勇気を出して、好意を伝えたものの、

「ちょっと聞いてよ。俺、南々子ちゃんに告白されちゃってさ」

そんなふうに吹聴され、店中で噂になって初めて、「間違えた……見極められなかった……」と気づくことができるのです。男性は思いのほか、口が軽いんですよね。そんなことがあり、仕事がやりづらくなるのが怖いから、あと一歩の勇気が出ないのです。

だから、お客様に恋愛感情が芽生えたとしても、勘ぐってしまい相手の胸に飛び込むことができず、「相手もきっと、わたしのこの言動を営業だと思っているだろうから」と恋愛感情に頑丈な蓋をしてしまうのです。

「これ以上、傷つきたくない。もう気持ちは見せないほうがいい」――そうやって勇気を失い、一歩引き下がり、実らなかった恋愛は、数えきれぬほどあるのです。

お客様視点ならば、ひとつだけ、ホステスの本気を測ることができる瞬間は、あります。それは、プライベートの時間を使うとき。お食事デートも〝同伴〟と見なされてしまうこともありますが、お店に行かない休日などを相手に使うときは、ホステスの恋心を信じてほしいです。

ホステスのなかには、お客様の愛人希望者もいれば、本気で恋愛したいと思っている子、結婚相手を探している子だっています。双方とも多種多様なスタンスで、みなが好意を匂わせている。そのなかで、ピュアな恋愛を探り当てることは、**「砂漠の中から砂金を探すようなもの」**という比喩そのものなのです。

エピローグ

33歳のとき、5年間のブランクを経て銀座のホステスとして復帰したわたしは、〝ゼロヘルプ〟でした。

ゼロヘルプ――呼べるお客様がいない、お客様が0人のホステスのことです。

つまり、まったくの未経験と同じ立場。しかも33歳でしょう？　一般的なゼロヘルプは若い女性ばかりですから、わたしはより不利な立場の、異質な存在でした。

たとえ六本木時代の実績があったとしても、5年もブランクがあって場所も違う。引退してからは、六本木時代のお客様とはピタリと連絡が途絶えていました。だから、〝復帰したベテラン〟というよりも、〝新人〟という肩書きのほうが近かったのかもしれません。

33歳、元NO．1の、新人ホステス。

そんなわたしを、若いホステスたちは、はなから相手にしていませんでした。5年も前、「六本木に南々子あり」と言われていたことなど、移り変わりの激しい業界ですから知る由もありませんし、知っている必要もない。

過去の栄光にすがるでもなく、わたしはただただ、ヘルプとして、毎日の業務を一生懸命進めていました。

最初は、お友達が来店してくれました。

「頑張って！　南々子ならきっとやってくれるって信じてる」

そんなふうに応援してくれました。

その後、六本木時代のお客様にもお声をかけ……と思いきや、連絡先が変わったりなど、コンタクトを取る方法すらない状態。ネットで検索し、いまどこで何をしているのか、地道に探っていく作業でようやくたどり着き、ひとりひとりに〝銀座の南々子〟を知ってもらいました。とはいえ、それもほんの少数。

いまわたしが抱えるお客様の9割は、銀座で摑んだ方たちです。

お客様とは、以前よりも向き合えるようになったと実感しています。色恋営業をしていたかつては、仕事の話はおろか、次元が違いすぎてお客様を理解することなんてできなかった。でもいまのわたしは、ゼロヘルプから着実にNO．1の座に登りつめ、その過程で足を引っ張られたり、売り上げに一喜一憂したり、仲間を慮ったり……仕事をすることの喜びを享受できています。だからこそお客様からの「社長になったんだよ」「上場したよ」

といった報告に、心から敬意を表し、喜びを共感できるようになったのです。

ただ、わたしがいまの立場をキープし続けられるのは、わたしひとりの力ではありません。店という舞台があり、支えてくれる黒服がいて、一緒に切磋琢磨してくれるホステスがいてくれてこその、南々子、です。

わたしひとりががむしゃらに頑張ったわけではなく、三位一体の結果です。

今回、この本を書くにあたっても、まわりの人たちに助けられてきました。

わたしに知識や振る舞いを教えてくれたお客様たち。いつも助けてくれる黒服たち、ホステスたち。そして、親友であり、元同僚のまほちゃん。彼女には今回、たくさんヒントをもらいました。

「わたしって、どんなことをしてきたっけ？」

「ほら、あれもすごかったじゃないの。あのエピソードもいいよ」

……なんてやりとりをして、自分がしてきたことを客観的に振り返ることができました。

正直、当たり前のようにいつもやっていることなので、それが「取り立ててすごいこと」だとは気づけないのですよね。

一方で、新人時代からずっと胸にある、信念は変わりません。

ぶれないこと。

舐められないように振る舞うこと。

ひとの気持ちに寄りそうこと。

これだけは、これからも一生変わらないと思います。

わたしにはそのつどの〝夢〟があります。

「海外で働きたい」「一流の世界を見てみたい」「ここでNO．1になりたい」……などの夢が。そうした夢は、〝いま〟をおろそかにしたら一生摑むことができません。「こうしたい」があるならば、やることはただひとつ、いまを地道に頑張ることのみ。すると、未来は開けますから。

そして、夢を摑みたいと思うことに、年齢は関係ありません。わたしが33歳でゼロヘルプからNO．1になれたように、いままで頑張ってきた土台があるならば、重ねた年齢は武器にしかなりません。

肝心のわたしの夢？　ひとつは、コロナ禍で揺れる銀座クラブと、諸先輩方が残してくれたクラブ文化を守ることです。

大好きな銀座にいる、大好きなひとたちが、こう思えますように。

「銀座で遊べてよかった」

「銀座で働いていてよかった」とね。

南々子 Nanako

1982年秋田県生まれ。19歳のときに渡米。アメリカ・オハイオ州の大学を卒業後、ミシガン州デトロイトの通訳会社に就職。23歳のときに帰国するも、再び渡米する資金を稼ぐため、社長秘書の仕事をしながら、夜は赤羽のキャバクラに勤務。半年後に六本木の高級クラブのホステスに転身すると、売り上げ数・指名数・同伴数においてNO.1を獲得し、不動の3冠王となる。人気に火が付き、写真集の出版やメディア出演など多方面で活躍する。28歳のときに、ホステスを引退し、英会話講師の仕事に就くも、33歳で銀座の老舗高級クラブ「ピロポ」にてホステスの仕事に復帰。現在もNO.1を継続している。2019年にサイバーエージェント配信WEBメディア『by.S』の「マーベラスな女たち」で連載を開始すると、PV数でランキング1位を獲得し、他メディアやSNSにも拡散され、話題に。本書が初の著書となる。

STAFF
デザイン／小田有希
撮影／岡戸雅樹
ヘアメイク／榊ひかる
取材・執筆／有山千春
編集協力／岡 彩夏
編集／松本あおい

銀座一流クラブ NO.1ホステスに学ぶ
選ばれ続ける女だけが知っていること

2021年2月4日　第1版第1刷発行

著　者　南々子
発行者　岡 修平
発行所　株式会社PHPエディターズ・グループ
〒135-0061　東京都江東区豊洲5-6-52
☎03-6204-2931
http://www.peg.co.jp/
発売元　株式会社PHP研究所
東京本部　〒135-8137　江東区豊洲5-6-52
普及部　☎03-3520-9630
京都本部　〒601-8411　京都市南区西九条北ノ内町11
PHP INTERFACE　https://www.php.co.jp/

印刷・製本所　凸版印刷株式会社

ISBN978-4-569-84824-2